汉语水平步步高

助 词

主　编　陆庆和　黄　兴
编写者　何立荣　钱继云

苏州大学出版社
Suzhou University Press

图书在版编目(CIP)数据

汉语水平步步高. 助词 / 陆庆和，黄兴主编 . —苏州：苏州大学出版社，2009. 6
ISBN 978-7-81137-248-9

Ⅰ. 汉… Ⅱ. ①陆…②黄… Ⅲ. ①汉语-助词-对外汉语教学-教学参考资料 Ⅳ. H195. 4

中国版本图书馆 CIP 数据核字(2009)第 096058 号

汉语水平步步高

助 词

陆庆和 黄 兴 主编

责任编辑 周建国

苏州大学出版社出版发行

(地址:苏州市干将东路 200 号 邮编:215021)

南京市溧水秦源印务有限公司印装

(地址:南京市溧水县开发区溧淳路 邮编:211200)

开本 787×1092 1/16 印张 12. 25 字数 304 千

2009 年 6 月第 1 版 2009 年 6 月第 1 次印刷

ISBN 978-7-81137-248-9 定价:22. 00 元

编者的话

当前,随着我国国际地位的提升,学习汉语的外国人越来越多。形势喜人也逼人。这一形势向从事对外汉语教学的教师提出了新的挑战——如何让外国人更快更好地学习和掌握汉语的语法与词汇知识。

长期处于教学第一线的教师们不难发现这样的事实:汉语的句法和词法方面的知识,特别是其中的重点与难点,都不是教一两次就能让外国学生掌握的,有的难点,教师反复强调多次,一些学生还是会出现这样或那样的问题。

于是,很多教师都希望能有这样一套讲练结合的参考书:将汉语的句法与词法知识系统化、细化,将其中的内容,特别是对学生来说较难掌握的部分按照由浅入深、由易到难的原则,有计划、分层次、螺旋式地复现,不仅如此,还应针对汉语中的难点与重点,让学生反复进行操练,让学生在练习中不断提升自己。

另外,外国学生在学习汉语的过程中,经常会提出这样一些问题:"我吃饭了"和"我把饭吃了"有什么不同?"我不习惯"和"我还没习惯"有什么不同?"想不起来"和"想不出来"有什么不同?"漂亮"和"美丽"有什么不同?"时间"和"时候""时光"有什么不同?"省得""免得"和"以免"是否用法完全一样?简言之,随着学习的深入,外国学生对意义和形式相似或相关的句式、结构、词语的区别越来越关注。这些确实是汉语学习的重点和难点。他们期待着教师能把这类疑团一个个辨析清楚,但是,有的问题并不是一下子能够讲清楚的,或者很难讲清楚。对很多刚刚踏上这一教学岗位的年轻教师来说,更是如此。本丛书的主编曾以考官的身份参加过几次出国汉语教师及志愿者的选拔考试工作,发现很多综合素质很好的年轻教师对这类辨析问题的回答很不尽如人意。

《汉语水平步步高》就是为了满足广大对外汉语教师的上述需要,同时也是为了满足那些已有一定汉语基础、有较高自学能力的汉语学习者的需要而编写的讲解与练习相结合的大型汉语学习丛书。该丛书由三十位作者参与,从策划、编写、修改到定稿,历经三年。编写者大多是苏州大学长期从事对外汉语教学的教师,也有对外汉语教学方向的一些研究生。在编写过程中,我们一方面参考了目前已有的对对外汉语教学有直接指导意义的专著及论文;另一方面,书中的不少分析与说明,都是编者们自己通过对语料的调查分析得出的,对已有的研究成果作了必要的补充,有些结论是编者们的新发现。

《汉语水平步步高》分八册:《句型与句式》《名词与形容词》《动词　助动词》《副词》《介词　代词》《助词》《句子成分》《关联词语　量词》。

上述八个分册的内容参考基础、初中级《中国汉语水平考试大纲》和《高等学校外国留学生汉语教学大纲》(长期进修)几个大纲加以编排,换句话说,这几个大纲中有关句型与句式、语法成分、短语(主要是动补短语)、常用实词或虚词中的重点难点等内容,这八册基本上都涵盖了。这些内容是根据难易程度的不同和水平的高低加以编排的。第一单元的讲练内容一般都是针对初级较低水平的学生的,凡是学过250个学时(45分钟一学时)汉语的学生可以先通过学习这一部分内容复习所学的知识(句式或词汇的),打好基础。第二单元的内容一般是针对初级中水平较高的学生的,同时也往往是该学习阶段的重点和难点。学生如果学习并掌握了第二单元的内容,就可由初级水平向中级水平迈进。第三单元和第四单元所讲的内容,是中级偏高到高级的水平,因此例句与练习都有一定的难度。

有些较难学习的语法点或词语,一般会在几个单元中反复出现,多次练习,为的是让学生在不同层次的上下文中多次理解与把握它们,使他们学得更加扎实和深入。

本丛书每一册前面都阐述该册总的内容,句式或词类的语法功能和特点,编写的体例与使用方法。希望读者们能够认真阅读这一部分的内容,以便更好地使用它们。

本丛书是编者们在承担繁重的教学任务的同时经过长期的艰苦努力编写而成的,有许多分析也是前人未做过的,因而出现疏漏与错误在所难免。不足之处,请专家与学者多提宝贵意见。

本丛书能够编写完成,首先要感谢华东师范大学国际汉语教师研修基地执行副主任张建民教授对本书编写指导思想的充分肯定、鼓励与指导。本丛书的顺利出版,离不开苏州大学海外教育学院黄兴院长的积极参与与鼓励,离不开苏州大学出版社高敏社长的大力支持与帮助,在此一并对他们致以诚挚的谢意。

目录

· 第三单元 ·

· 第四单元 ·

总　说

助词是汉语虚词的一种，其词汇意义虚化，独立性差，附着力强。尽管它们数量不多，但使用频率高，句法功能突出，用法复杂，因此既是学好汉语不可缺少的重要一环，也是外国人汉语学习中的一大难点。

一、助词的主要特点

1. 语音上，除个别助词外，大多数助词都念轻声。

2. 语义上，词义已虚化，只表示语法意义，没有词汇意义。

3. 句法结构上，不能独立使用，不作句子成分，只能附着于其他实词、短语或句子后面。

4. 很多助词是由实词虚化而来的，字形上与实词相同；有的助词还可作其他实词用。

5. 助词有时不可缺少，有时可在一定条件下省略。

二、助词的分类

汉语中的助词按其不同功能一般可分为结构助词、动态助词、语气助词三大类。本书将表示数量、比况等不在此三大类里的助词均归入其他类。请看下表：

类别 级别	结构助词	语气助词	动态助词	其他助词
甲级	的/地＊/得＊	吗/呢/吧/啊/了＊ 啦/呀/哪/呐/嘛	了＊/着＊ 过＊/呢	等＊
乙级	所＊	的/哩/哇/…的话	来着	来＊
丙级	之	喽/哟/着呢/呗/就是		般/似的
丁级	给＊	罢了＊/而已/不成	不得/不可	得了/也罢/也好/起见

说明：

1. 上表所列助词及其级别主要以国家汉办主持编制的《汉语水平词汇与汉字等级大纲》（简称《词汇大纲》）、《汉语水平等级标准与语法等级大纲》（简称《语法大纲》）以及《现代汉语词典》（第5版）（简称《现汉》）为依据。

2.《词汇大纲》中将“以来”“左右”当作助词，但《语法大纲》没把这两个词列为助词，《现汉》则把“以来”“左右”同“以前”“以后”“上下”等一类词归为方位名词，本册同意这一归类。

3. 表中带有“＊”号的词是兼类词，即它们除了可作助词外，还有其他词性用法，本册只讲其助词的用法。

4. “之”“给”等加阴影的助词《词汇大纲》和《语法大纲》没收录，但《现代汉语词典》收录了，本册也将它们列入其中。

三、助词的学习方法

建议学习者在学习汉语助词时注意以下几点。

1. 把助词放到短语或句子中，理解它的语法意义，熟悉、掌握它在句中所处的位置。

无论是结构助词、语气助词，还是动态助词，都不能独立使用，只能与一些实词、短语或句子一起使用，表示一定的语法意义。因此，在学习助词时，只有将其置于短语或句子中，才能较好地理解其语法意义。

总的来说，结构助词一般用于句中，语气助词多用于句末，动态助词用于动词或形容词之后。如结构助词“的”“地”“得”分别是定语、状语、补语的语法标志，可以结合这些句子成分一起学习，牢记这些助词的位置，以及与这些句子成分之间构成的语法、语义关系。

2. 熟练掌握助词的使用规则、常用句式，并要辨清那些易混淆助词之间的异同。

助词都有各自的使用规则及常用的句式，需要学习者熟练掌握。如“吗”和“呢”都是语气助词，都可以用在疑问句句末，表示疑问语气。不过，它们是用在不同的疑问句中的；另外，“呢”也常用于陈述句句末或复句中的小句停顿处，“吗”则不行。

相比之下，结构助词中的“的”、“得”的用法比“地”复杂些；而动态助词中的“了”“着”“过”又要比结构助词和语气助词复杂些，尤其是两个“了”，用法最为复杂，学习时要抓住它们的主要特征，即“了$_1$”主要表示具体的动作已发生或完成。“了$_2$”主要表示动作或状态的变化，且这种变化可以是已经发生的，也可以是正在发生或将要发生的，甚至可以是停止继续发生的变化，因此常有“已经……了”“要……了”“不……了”这些句式。

另外，有些助词在语法意义及用法上有相同或相似之处，比较容易混淆，学习时一定要加以区分和辨别。如动态助词“了$_1$”和语气助词“了$_2$”、动态助词“了$_1$”与“过”、语气助词“了$_2$”与“的”等，都要注意从语义、语法、语用等各个方面加以区分，并通过实际操练得以牢固掌握。

3. 通过足量练习，不断巩固，达到熟能生巧、运用自如的目的。

不论实词、虚词，都要通过大量有针对性的练习才能真正掌握，而助词的学习更是如此。由于助词意义虚、用法繁、难度大，因此学习者必须在熟悉、理解其用法及句式的基础上，演练大量的习题以复习巩固，才能准确熟练地运用。

四、本册的主要内容及使用方法

本册是为了帮助外国人学习和掌握汉语常用助词而编写的综合练习。

本册所讲练的助词为汉语中常用的助词，即上表所列的43个助词。全册共4个单元，每个单元有8课，每课讲练一个或几个助词，每课课后都有练习，每个单元后有综合性的单元练习。另外，为便于读者自学，所有练习的后面都附有参考答案。

本册主要有“试一试”“讲一讲”“提示”“练一练”等栏目。“试一试”就是课前练习，可作为学习者学习新课前的“热身活动”，由学习者自测一下对即将学习的助词已掌握的情况，最好先试做一下，再对照答案，如发现做错的较多，可学习之后再做一次；“讲一讲”就是精讲助词的主要用法或常用句式；“提示”就是把助词使用中需要注意的地方或容易出错的地方，特别地指出来，以引起学习者的注意；“练一练”就是以讲解、提示和辨析内容为基础，编写大量实用的练习题，供学习者演练，以期帮助他们实现学好汉语助词、提高汉语水平的目的。

学习者在使用时，可根据各自情况而定：如觉得某个助词比较难，对其用法不太清楚，可先认真阅读“讲一讲”的内容，学习和理解每个例句、掌握这个助词的基本用法，然后再做“练一练”，做完后，再对照答案，检查对错情况；如觉得某个助词比较容易，可以先做“练一练”，遇到问题或有疑问时，再回头阅读“讲一讲”的内容。

本册的四个单元是按照由易到难的顺序编写的。有的助词用法较复杂，我们将其切分为两课或几课讲、练；有的还划入不同的单元，以便学习者能较轻松地学习、掌握汉语助词。当然，学习者也可视自己的实际情况，或按部就班地使用本册书，或选择其中的部分单元或若干课学习和练习相关的助词。

本册中一些符号和文字的说明：

*——用在例句前或练习中，表示这个句子是病句或有错的句子。

√——用在例句前或练习中，表示这个句子是正确的句子。需要对比强调时才用。

？——用在例句前，表示对这个句子有怀疑，或极少使用的。

/——用在标题中，表示辨析两词的异同；用在讲解用法的示例中，表示“或者”；用在参考答案里，表示不需要加某个助词。

的$_1$——指结构助词“的”。

的$_2$——指语气助词“的”。

呢$_1$——指语气助词“呢”。

呢$_2$——指动态助词“呢”。

了$_1$——指动态助词“了”。

了$_2$——指语气助词“了”。

来$_1$——指语气助词“来”。

来$_2$——指动态助词“来”。

·第一单元·

第一课 的$_1$(1)

试一试

在下列句中需要的地方加上“的”。

1. 这是玛丽本子吗？
2. 我有一个漂亮妹妹。
3. 今天下午有英语课。
4. 吃东西都准备好了。
5. 这是谁铅笔？

（答案在下面“讲一讲”例句中找，全书同）

讲一讲

助词“的(de)”是汉语中使用频率最高的词之一。它一般作结构助词，写为“的$_1$”；有时也可作语气助词，写为“的$_2$”。本课讲的是“的$_1$”。（注：本册只在标题和需要区分时才标明“的$_1$”“的$_2$”）

结构助词“的”是定语的标志，主要用于连接主语和中心语（请参考《句子成分》分册的内容）。它的基本用法是“定语+的+中心语”。

这里，定语可以是名词、代词，也可以是动词、形容词，或者动词短语、数量短语、主谓短语、介词短语等各类短语。中心语就是被定语所修饰、限制的人或事物，一般都是名词。具体讲来有三种情况：

1. 名词/代词+的+名词。如：

   苏州的园林很有名。

   这是玛丽的本子吗？

   他的妈妈是一个大夫。

2. 动词/形容词+的+名词。如：

   阿里认识的朋友很多。

   我有一个漂亮的妹妹。

吃的东西都准备好了。

3. 短语＋的＋名词。如：

钱包里的钱只够买一张火车票了。

那是一个很大的图书馆。

这里有各种各样的水果。

这是一本关于旅游的杂志。

那个高高瘦瘦的学生叫大卫。

这是我昨天买的自行车。

我要去机场接一个来我市访问的代表团。

提示

作为定语标志的“的”，有时必须使用，不可缺少；有时可以省略；有时不能用或不必用。请看下表（“＋”表示必用；“○”表示可省略；“－”表示不用。全书同）：

形　式	定语情况	“的”使用情况	例　句
名/代＋的＋名	表时间、处所、方位的名词	＋	昨天的雨很大。/山上的树很多。 前面的门打开了。
	表材料、质地、分类的名词	－	今天下午有英语课。 这里有一把木头椅子。
	与中心语之间表示人的关系、所属集体的名/代词	○	他的妈妈是个大夫。 我们学校有很多留学生。
	与中心语之间表事物性领属关系的名词/代词	＋	他的汉语很好。 大学生的生活很丰富（fēngfù）。
	“这/那”“什么/多少/怎么”等代词	－	那年我十八岁。 你们什么时候去上海？
	“谁”和上栏中“这/什么/怎么”后加“样”的代词	＋	这是谁的铅笔？ 她是什么样的人？
动/形＋的＋名	动词作定语	＋	吃的东西都准备好了。
	单音节形容词	○	我买了一辆新自行车。
	单双音节形容词重叠式和双音节形容词	＋、少数○	妹妹有一头长长的头发。 我有一个可爱的女儿。 她喜欢喝新鲜牛奶。
	有分类意的非谓形容词	－	这是一台自动取款机。
短语＋的＋名	动词短语	＋	来参观的人很多。
	主谓短语	＋	妈妈做的菜很好吃。
	介词短语	＋	她是从日本来的留学生。

形　式	定语情况	"的"使用情况	例　句
短语＋的＋名	各种重叠式短语	＋	高高兴兴的事儿/一件一件的衣服。
	较固定的短语	○	学习方法/交通工具/生活水平/宿舍条件
	单个量词、限制性的数量短语	－	我去书店买本书。 她有三个哥哥。
	描写性的数量短语	＋	许多二十多岁的年轻人都爱运动。
	数量短语＋形容词	＋	孩子背着十斤重的书包。
	分数、百分数	＋	三分之一的学生是女的。 百分之五十的男生喜欢足球。

练一练

一、HSK 仿真题：把助词"的"放在适当的位置上。

1. 这家 A 水果店 B 水果 C 又多又好 D。
2. 年轻 A 人 B 都喜欢 C 漂亮 D 东西。
3. 王小雨 A 是一个 B 什么 C 样 D 学生？
4. 前面 A 位子 B 有 C 人了，你坐 D 后边吧。
5. 昨天 A 报纸 B 你 C 看 D 了吗？
6. 七岁 A 小明 B 上小学 C 二年级了 D。
7. 你 A 朋友 B 妹妹 C 什么 D 时候来苏州？
8. 你现在 A 用 B 词典 C 是新的，还是 D 旧的？
9. 她有一双 A 大大 B 黑 C 眼睛 D。
10. 大卫在晚会上 A 唱了一首 B 中文 C 歌儿 D。

二、把下列句子中多余的或可以省略的"的"画去。

1. 这张的桌子太重了，我一个人搬不动。
2. 他的电话的号码很容易记。
3. 我们买了这个星期六的电影的票。
4. 她对中国的传统的医学感兴趣，所以她想学中医的专业。（传统 chuántǒng；专业 zhuānyè）
5. 我的妈妈的朋友是个教汉语的老师。
6. 她有两个孩子，一个男的孩儿，一个女的孩儿。
7. 我要那件蓝的裙子，不要这件红的。
8. 我想买一只的最新的照相机送给妹妹。

三、搭配练习。

Ⅰ组：词语搭配

A	B
妈妈做的	天气
杰克的	可乐
今天的	汽车
红色的	菜
大瓶的	衣服
真丝的	女朋友
三楼的	地方
有名的	教室

Ⅱ组：搭配成句

A	B	C
河里的	饺子	很好吃
我包的	水	很干净
上海的	客人	不见了
桌子上的	外国人	很大
从北京来的	天气	真可爱
穿裙子的	报纸	特别好
来中国工作的	飞机场	马上就到
秋天的	女孩儿	越来越多

四、判断正误，并把有错误的地方改正过来（正确：√；错误：×）。

1. 三木晚饭只吃了一个的苹果。（　　）
2. 我哥哥和他女朋友都喜欢音乐。（　　）
3. 这种衣服，七八十岁老太太才会穿。（　　）
4. 百分之八十人都不喜欢太胖。（　　）
5. 三块钱一瓶的红茶卖完了。（　　）
6. 暑假时候你去哪儿？（　　）
7. 你们公司有班车吗？（　　）
8. 来的人请写下你们的名字。（　　）
9. 阿美是谁朋友？你知道吗？（　　）
10. 明天你打算去什么的地方？（　　）

参考答案

一、1. B　2. D　3. D　4. A　5. A　6. A　7. B　8. B　9. B　10. C

二、1. “的”去掉　　2. 第二个“的”去掉

3. 第二个“的”去掉　　4. 第二、第三个“的”去掉

5. 第一个“的”去掉　　6. 两个“的”都去掉

7. 不必去掉　　8. 第一个“的”去掉

三、Ⅰ组

妈妈做的菜　　杰克的女朋友　　今天的天气　　红色的汽车

大瓶的可乐　　真丝的衣服　　三楼的教室　　有名的地方

Ⅱ组

河里的水很干净。

我包的饺子很好吃。

上海的飞机场很大。

桌子上的报纸不见了。

从北京来的客人马上就到。

穿裙子的女孩儿真可爱。

来中国工作的外国人越来越多。

秋天的天气特别好。

四、1. ×,去掉“的”

2. √

3. ×,改为“七八十岁的老太太”

4. ×,改为“百分之八十的人”

5. √

6. ×,改为“暑假的时候”

7. √

8. √

9. ×,改为“谁的朋友”

10. ×,去掉“的”

第二课　地

试一试

请看下列句子中是否需要用助词“地”，如果需要，请把它放到最合适的地方。

1. 今天要去公园玩儿，小明早早起床了。
2. 你们经常在图书馆看书吗？
3. 为了更好学习汉语，他来到了中国。
4. 请等一下，我马上来。
5. 孩子们高高兴兴回家了。
6. 妈妈很细心照顾孩子。
7. 他和家人一起愉快游览了故宫。

讲一讲

结构助词“地(de)”是状语的标志，用在状语和中心语之间（见《句子成分》分册）。它的基本用法是“状语＋地＋中心语”。

这里，状语可以是形容词、副词、时间名词，也可以是动词或介词短语或固定短语等。中心语就是被状语限制或描写的动作或行为状态，大多是动词，也有部分是形容词。一般有三种情况：

1. “形容词＋地＋动词＋宾语/补语”。如：

    小明高兴地笑了。

    阿里认真地写汉字。

    我清楚地记得这件事。

    他和家人一起愉快地游览了故宫。

2. “副词＋(地)＋动词/形容词”。如：

    天气渐渐地冷了。

    王中按时(地)完成了汉语作业。

    听到这个消息，他们非常(地)激动。

    你们经常在图书馆看书吗？

    请等一下，我马上来。

副词作状语大多数都不带“地”，如上面“试一试”中的例 2 与例 4 中的“经常”与“马上”。少数如“渐渐”“逐渐”常带“地”（也可以不带）；“按时”“非常”等一般不用带“地”，表示强调时才带“地”。

3.“短语＋地＋动词”。如：

孩子一天一天地长大了。

她轻手轻脚地走了出去。

由词与词构成的短语作状语，一般都要带“地”。

提示

在句子中，结构助词“地”有时必须使用，有时可以不用，有时不需要用。请看下表：

状语的情况	用“地”情况	例句	备注
时间名词	−	我们昨天去上海了。	普通名词极少作状语
单个副词	多数 −	小林经常吃饺子。 妈妈十分爱孩子。	“渐渐”等个别副词后面可用“地”
程度副词＋形容词	＋	妈妈很细心地照顾孩子。 为了更好地学习汉语，他来到了苏州。	
单音节形容词	−	你快说吧。 我要早去一会儿。	
双音节形容词或重叠式形容词	＋、少数○	我小心地抱起孩子。 今天要去公园玩儿，小明早早地起床了。 孩子们高高兴兴地回家了。	少数不用“地”。如：认真学习、努力工作、慢慢吃、轻轻放
介词短语	−	小红在图书馆工作。 她对人很热情。	
一般数量短语	−	他一会儿来上课。 我一个人住。	
有重叠的数量短语	＋	小树一天一天地长高了。 他一次次地迟到。	
动、形短语固定短语	＋	她们说说笑笑地走了进来。 经理非常满意地点了点头。 我们满怀信心地参加了比赛。	有两个或多个状语时，“地”多放在最后一个状语之后

练一练

一、HSK 仿真题：把助词“地”放在适当的位置上。

1. 饭要一口 A 一口 B 吃 C，别太心急 D。
2. 本子上 A 清清楚楚 B 写着 C 你的名字 D。
3. 每天晚饭后 A，他都会 B 安静 C 坐在那儿 D 看一会儿报纸。
4. 比赛 A 得了第一名 B，高大山开心 C 笑了 D。
5. 由于学习 A 努力 B，他们都顺利 C 毕业了 D。
6. 儿子一天天 A 长大了 B，她 C 心里可高兴了 D。

二、请把下列句子中多余的“地”或“的”画去。

1. 天气渐渐地冷了。
2. 她每天上午八点地来学校上课。
3. 我们这几个人都非常地顺利地买到了车票。
4. 玛丽的弟弟对汉语地很感兴趣。
5. 她把老师的话一字不差地记了下来。
6. 王小雨没空儿,我只好一个人地去超市了。
7. 我父亲已经是七十多岁的老人了。
8. 小明画了一幅画,蓝的天,白的云,红的花,绿的草,真美啊!

三、连一连(把Ⅰ、Ⅱ两组搭配成句)。

Ⅰ组	Ⅱ组
1. 下周考试	A. 她急匆匆地去教室了
2. 经理看了看他做的计划	B. 积极支持我们的工作
3. 你别着急	C. 同学们都在紧张地复习
4. 感谢你	D. 非常满意地笑了
5. 不要相信他	E. 一句一句地跟我念
6. 上课的时间快到了	F. 他总是一次次地犯(fàn)同样的错误

四、判断正误,并把有错误的地方改正过来(正确:√;错误:×)。

1. 三木先生对工作地认真负责。(　　)
2. 我天天来这儿锻炼身体,怎么以前没见过你?(　　)
3. 她总是地每天晚上八点给妈妈打电话。(　　)
4. 今天我没事儿,可以晚点儿地回家。(　　)
5. 请慢走!欢迎您下次再来玩儿!(　　)
6. 我们班三分之一同学住在学校的宿舍楼。(　　)
7. 她一个人提着个很大包,吃力走着。(　　)
8. 这是法国生产巧克力,快来尝尝吧。(　　)

五、在必要的地方加上结构助词“地”或“的”。

1. 等了好一会儿了,女儿还是迟迟(　　)不回家,她很担心。
2. 好好(　　)学习,别让你(　　)父母失望。
3. 他明明(　　)是三(　　)年级(　　)王小中,你怎么说不是呢!
4. 张经理批评了她,她呆呆(　　)坐在那里,半天没有说话。
5. 他们(　　)最大(　　)孩子已经在一家(　　)韩国(　　)公司(　　)上班了。
6. 慢慢(　　)来,别着急。

参考答案

一、1. B　2. B　3. C　4. C　5. C　6. A

二、1. 不必画去　2. 画去“地”　3. 画去前一个“地”　4. 画去“地”
5. 不必画去　6. 画去“地”　7. 不必画去　8. 不必画去

三、1. C　2. D　3. E　4. B　5. F　6. A

四、1. ×,去掉“地”

2. √

3. ×,去掉“地”

4. ×,去掉“地”

5. √

6. ×,“三分之一同学”改为“三分之一的同学”

7. ×,“很大包”改为“很大的包”;“吃力走”改为“吃力地走”

8. ×,“法国生产”改为“法国生产的”

五、1. 不必加　　2. 不必加　　3. 三年级(的)王小中

4. 呆呆(地)坐　　5. 最大(的)孩子　　6. 不必加

第三课　得(1)

试一试

下面的句子中是否可用助词"得"？可以的话，把它放在适当的位置上。

1. 他的汉语书多极了。
2. 李红英语歌儿唱不错。
3. 你羽毛球打怎么样？
4. 昨天晚上我睡很晚。
5. 这篇文章太难了，我看不懂。
6. 今天的工作不多，我下班以前做完。
7. 王英最近找到一份好工作，高兴要命。
8. 你点了这么多的菜，咱们俩怎么吃下呢？
9. 这些小时候的事儿，我都忘了，想不起来了。
10. 这孩子长真快啊！都比妈妈高了。
11. 希望你好好地利用这个留学机会，把汉语学更好。
12. 我觉得她的小说写非常有意思。

讲一讲

结构助词"得(de)"是补语的标志，一般用来连接补语和它的中心语(可参考《句子成分》分册中的相关内容)。需要注意的是，补语的种类比较多，结果补语、趋向补语、数量补语等补语和它们的中心语之间一般都不用助词"得"，用"得"的补语主要有程度补语、可能补语的部分形式及情态补语。其基本结构是"中心语＋得＋补语"。这里的中心语一般都是动词或形容词，补语是补充说明动作或行为的状态的，一般也由动词或形容词充当。本课先讲"得"与程度补语、可能补语的几种简单形式。

一、"得"与程度补语

有两种形式要加"得"。

1. 第一种形式："动词＋得＋形容词"。如：

昨天晚上我睡得很晚。
你羽毛球打得怎么样？
这孩子长得真快啊！都比妈妈高了。

希望你好好地利用这个留学机会,把汉语学得更好。

我觉得她的小说写得非常有意思。

(1) 这种程度补语的否定形式是:动词+得+不+形容词。如:

他来得不早。

小华吃得不多。

那个老人走路走得不快。

(2) 句中动词带宾语时,可把宾语放在动词前;当宾语放在动词后时,动词要重复使用,"得"要放在后一动词后,不可直接跟在宾语后;一些离合词也是如此。请看下面两组句子:

他写得很好。	李红唱得不错。
他汉字写得很好。	李红英语歌儿唱得不错。
汉字他写得很好。	英语歌儿李红唱得不错。
他写汉字写得很好。	李红唱英语歌儿唱得不错。
*他写汉字得很好。	*李红唱英语歌儿得不错。

2. 第二种形式:"形容词+得+很/多/要命/不得了"。如:

昨天晚上冷得很。

这本书比较容易,那本书要难得多。

我没吃早饭,现在饿得要死。

她的画儿得了大奖(jiǎng),她开心得不得了!

王英最近找到一份好工作,高兴得要命。

(1) 这种程度补语一般都用肯定形式。如用否定形式,不需要用"得",是"不+形容词"。请看下面的句子:

A:你们冷不冷?	A:你们饿吗?
B:我觉得冷得很。	B:我饿得要死。
C:我觉得不太冷。	C:我不饿。

下面这样说是错的:

*那本书难得不多。

*我饿得不要死。

(2)"很"是唯一可作程度补语的副词,表示的程度比它作状语要高。请比较:

我现在忙得很。

我现在很忙。

显然,前一句"很"作补语时,表示忙的程度比后一句更高。

(3)"要死""要命""不得了"作程度补语时表示程度非常高,并含有夸张的意味。另外,一般没有否定形式。

(4) 上面所讲的程度补语前必须加"得",但用在形容词后的"极了""多了""死了""坏了""透了"等这种程度补语不能用"得"。如:

他的汉语书多极了。	*他的汉语书多得极了。
爸爸的身体好多了。	*爸爸的身体好得多了。
老张最近忙坏了。	*老张最近忙得坏了。
这件事儿糟透了!	*这件事儿糟得透了!

二、“得”与可能补语

也有两种用“得”的形式。

1. 第一种形式是“动词＋得＋动词/形容词”。如：

这篇文章很简单，我看得懂。

这个箱子我拿得动。

那个地址你记得清楚吗？

今天的工作不多，我下班以前做得完。

这类补语表示有无条件或能力完成某动作，和动作的结果有关。它的肯定和疑问形式里用“得”，但否定形式里不用“得”，即“动＋不＋动/形”。如：

这篇文章太难了，我看不懂。

这样的例子还有：

听得见←→听不见；拿得动←→拿不动；

记得清楚←→记不清楚；做得完←→做不完

2. 第二种形式是“动词＋得＋了/上/过/起来/起/出来/下 等”。如：

这些饺子我吃得了。

刘大力考得上大学吗？

他买得起汽车。

他们的水平那么高，我们比得过吗？

那件事儿你还想得起来吗？

这个问题我回答得出来。

你点了这么多的菜，咱们俩怎么吃得下呢？

（1）这里“了（liǎo）”“过”“上”“起”“起来”“出来”等用在“得”后作可能补语，表示主观上能否为实现某种动作提供可能性。它们的肯定和疑问形式里用“得”，但否定形式里不用“得”，即“动＋不＋了/上/过/起/起来/出来/下等”。如：

这些小时候的事儿，我都忘了，想不起来了。

又如：

吃得了←→吃不了；考得上←→考不上；买得起←→买不起；

比得过←→比不过；回答得出来←→回答不出来；吃得下←→吃不下

（2）结构中作可能补语的趋向词语“上”“下”“起”“起来”“出来”等多表示其引申意义（请参考《句子成分》分册的相关内容）。

（3）注意离合动词后带“了（liǎo）”作可能补语时，宾语要放在“了（liǎo）”后面。请看下面的句子：

他感冒了，现在还唱得了歌吗？

他感冒了，现在唱不了歌！

*他感冒了，现在唱歌不了！

练一练

一、HSK 仿真题：把（　　）中的助词放在适当的位置上。

1. 你要去 A 早一点儿 B，不然，就买 C 不到 D 火车票。（得）
2. 今天 A 的作业 B 不多 C，我写 D 完。（得）
3. 我们不能 A 等 B 太久，要不，就来不 C 及了 D。（得）
4. 也许咱们 A 可以 B 试试小王说 C 办法 D。（的）
5. 一个月后 A，同学们的汉语水平 B 都有了很大 C 提高 D。（的）
6. 我们 A 详细 B 讨论了 C 今后的发展计划 D。（地）
7. 戴上 A 耳机听 B，声音清楚 C 很 D。（得）
8. 今天上午，你 A 儿子一次次 B 打电话 C 找你 D。（地）

二、连一连（把Ⅰ、Ⅱ两组搭配成句）。

Ⅰ组	Ⅱ组
1. 我戴着眼镜呢	A. 但是现在我想不起来了
2. 外面吵得要死	B. 他根本看不上
3. 我的电脑坏了	C. 我都被感动得哭了
4. 她是音乐学院的学生	D. 他哪能看得进书啊
5. 这个故事很感人	E. 她的歌唱得好极了
6. 一下子借了这么多书	F. 你看得完吗
7. 这种说得多、干得少的人	G. 不知道修得好修不好
8. 我觉得在哪儿见过她	H. 看得清楚

三、选择结构助词"的""地""得"填空。

1. 爷爷有着八十岁（　　）年纪、十八岁（　　）心。
2. 听说有钱（　　）人才买（　　）起这里的房子。
3. 你别着急，我们一家一家（　　）找，一定能找到你要（　　）地图。
4. 在我们班，三分之二（　　）学生是女的。
5. 雨一直不停（　　）下，下（　　）我烦（fán）死了。
6. 听到这么好（　　）消息，她高兴（　　）跳了起来。
7. 合适（　　）鞋子才能穿（　　）舒服。
8. 吃（　　）香、睡（　　）甜，才能好好（　　）学习和生活。

四、判断正误，并把有错误的地方改正过来（正确：√；错误：×）。

1. 这双鞋太小了，我哪穿得上？（　　）
2. 我昨天买的东西很多，拿得不了。（　　）
3. 这篇课文很难，那篇课文难得不多。（　　）
4. 她最近身体不好，吃饭得不多。（　　）
5. 这个问题你回答得很好。（　　）
6. 快毕业了，他现在忙得很。（　　）
7. 这两天的天气好得极了！（　　）

8. 你不做得太过分了！(　　)

五、请把下列句子中多余的“的”“地”“得”画去。

1. 这个房间比较大，那个的小得多。
2. 请快地开空调，我热得要死。
3. 他们的公司最近老是加班，他累得要命。
4. 吃了这种的药以后，感觉好得多了。
5. 我清楚地记得你的家的地址。
6. 这张的画儿远地看很像一个的人。
7. 我觉得她的汉语说得不错。
8. 尝尝我包的饺子吧，好吃得很呢。

参考答案

一、1. A　2. D　3. B　4. C　5. C　6. B　7. C　8. B

二、1. H　2. D　3. G　4. E　5. C　6. F　7. B　8. A

三、1. 的；的　2. 的；得　3. 地；的　4. 的
5. 地；得　6. 的；得　7. 的；得　8. 得；得；地

四、1. √
2. ×，去掉“得”
3. ×，“难得不多”改为“不太难”
4. ×，“吃饭得不多” 改为“饭吃得不多”或者“吃饭吃得不多”
5. √
6. √
7. ×，去掉“得”
8. ×，“不”改为“别”或“不要”

五、1. 去掉“的”　2. 去掉“地”
3. 不必画去　4. 去掉“的”“得”
5. 去掉第一个“的”；　6. 去掉两个“的”和一个“地”
7. 不必画去　8. 不必画去

第四课 吗 呢$_1$(1)

试一试

请选择“吗”或“呢”放在下列问句的句末。

1. 我可以喝酒？
2. 你是大学生？
3. 昨天星期几？
4. 这种自行车贵？
5. 他是学生还是老师？
6. 我们去找张老师，好？
7. 你不是学过汉语？
8. 散步有什么不好？

吗

讲一讲

“吗”(ma)和“呢”(ne)都是汉语中常用的语气助词，它们都可以用在疑问句的句末。本课主要讲它们在疑问句中的用法。

“吗”常用在下面两种疑问句的句末：

一、用于一般疑问句句末

1. “动词/形容词＋……吗”。如：

   你是大学生吗？

   她喜欢唱歌吗？

   你有中国朋友吗？

   你们的学校大吗？

   我可以喝酒吗？

   小林今天不来吗？

这种疑问句是由陈述句句末加“吗”构成的，也叫“吗”字问句或是非问句，需要用肯定或否定形式回答。回答时，肯定形式是去掉“吗”；否定形式是：不＋是(动/形)。注意，谓语动词是“有”时，否定副词要用“没”。当谓语动词前有“可以”“能”“会”等助动词时，要把“不”加在助动词前。如：

A：你们是留学生吗？
B：我是留学生。
C：我不是留学生。

A：你喜欢唱歌吗？
B：我喜欢唱歌。
C：我不喜欢唱歌。

A：这种苹果好吃吗？
B：这种苹果很好吃。
C：这种苹果不好吃。

A：你有汉语书吗？
B：我有汉语书。
C：我没有汉语书。（＊我不有汉语书。）

A：他下午能来吗？
B：他下午能来。
C：他下午不能来。

有时，“吗”字问句也可作简单的肯定或否定回答。如：

你是留学生吗？（是。/不是。）
你们的教室干净吗？（很干净。/不干净。）

用否定形式提问时，有时可表示问话人怀疑或认为答案是肯定的。如：

她不去上海吗？（问话人以为她去上海）
小张不能来吗？（问话人以为小张能来）

在口语中，句末的“吗”有时可以不带，但书写时句末要用“？”，口头表述时用上升语调；不过，谓语是形容词时，“吗”一般都要带上，否则，疑问语气不完整，或语气有变，含有反问语气。请比较下面的句子：

她的头发很长。
她的头发长吗？
她的头发长？（问话人认为她的头发不长）

另外，“吗”字问句的疑问形式一般不用“很”“非常”等程度副词，但肯定回答多用上程度副词，特别是单音节形容词作谓语的句子。如：

A：这种自行车贵吗？
B：这种自行车非常贵。
C：这种自行车不贵。

（A）：？这种自行车非常贵吗？
（B）：？这种自行车贵。（似乎话没说完）
（C）：＊这种自行车非常不贵（＊不非常贵）。

2.“陈述句，好吗/行吗/可以吗”。如：

我们去找张老师，好吗？
你的铅笔借我用用，行吗？
今天下午的会我请假，可以吗？
这句话我这样说，对吗？

这种问句也是一般疑问句的一种，是由一个陈述句和“好吗”“行吗”“可以吗”等构成的。这种问句的疑问语气较客气、委婉，多用于征求对方意见或请求对方允许。这种问句也要求作出肯定或否定的回答，可直接用“好/不好”“行/不行”“可以/不可以”等。

另外，提问时，句末的“吗”不可少，必须带上。下面这样的句子是错的：

＊我们明天去公园，好？
＊他们用铅笔写，可以？

二、用于反问句的句末

“吗”用于反问句句末的基本结构有“不＋是/能＋动/形＋……吗”和“难道……吗”及

“还/没 + 动/形 + ……吗”。如：

你不是学过汉语吗？

难道你不认识她吗？

我没告诉你电话号码吗？

你就不能早点儿起床吗？

你每天不去上课，还像个学生吗？

反问句虽然是问句形式，但并不需要回答，其问句本身就已表明问话人的意思，即：肯定形式表达否定的意思；否定形式表达肯定的意思。如：

难道你认识她吗？（问话人觉得你不认识她）

难道你不认识她吗？（问话人觉得你应该认识她）

反问句一般带有质问、责备、辩解的语气，语气较强，反问形式多样。前面用副词“难道”“莫非”等，可使反问语气增强。但“吗”一般不能跟在“怎么”“为什么”等用疑问代词提问或反问的问句句末。如下面的句子是错的：

*你们几点出发吗？

*你怎么不知道这件事儿吗？

*李军为什么不来上课吗？

这里的“吗”都要改成“呢”（可参见下面“呢”的内容）。

当含有疑问代词的小句是整个句子的宾语时，句末可用“吗”。如：

你知道他们几点出发吗？

你听懂她说的话了吗？

老师知道李军为什么没来上课吗？

练一练

一、仿照例句，用所给的词语和“吗”提问，并用否定形式回答。

例句：去　上海——→A：你明天去上海吗？B：我明天不去上海。

1. 吃　　鱼——→
2. 会　　游泳——→
3. 喜欢　看电影——→
4. 认识　王先生——→
5. 能　　下床走路——→
6. 听　　音乐会——→

二、把下列句子改成反问句。

1. 他是苏州人，会说苏州话。

2. 我不知道这件事儿。

3. 我是你妈妈，当然应该关心你。

4. 公司的事你一点儿也不管,根本不像个经理。

5. 大卫昨天参加足球比赛了。

6. 这部小说真有意思。

三、判断正误,并把有错误的地方改正过来(正确:√;错误:×)。

1. 我没有哥哥,你也没有哥哥吗?

2. 王大海不喜欢打篮球呢?

3. 白小雪明天来不来上课吗?

4. 他不喜欢喝酒,对?

5. 今天的报纸还没到吗?

6. 你戴着眼镜,还看不清楚吗?

参考答案

一、1. A:你今天吃鱼吗? B:我今天不吃鱼。
2. A:你儿子会游泳吗? B:我儿子不会游泳。
3. A:玛丽喜欢看电影吗? B:玛丽不喜欢看电影。
4. A:你认识王先生吗? B:我不认识王先生。
5. A:你奶奶能下床走路了吗? B:我奶奶还不能下床走路。
6. A:周末你去听音乐会吗? B:周末我不去听音乐会。

二、1. 他是苏州人,还不会说苏州话吗?
2. 你难道知道这件事吗?
3. 我是你妈妈,难道不该关心你吗?
4. 公司的事你一点儿也不管,你还像个经理吗?
5. 难道大卫昨天没参加足球比赛吗?
6. 这部小说没有意思吗?/难道这部小说没有意思吗?

三、1. √
2. ×,改为:"王大海不喜欢打篮球吗?"
3. ×,改为:"白小雪明天来上课吗?"或者:"白小雪明天来不来上课?"
4. ×,改为:"他不喜欢喝酒,对不对?"或者:"他不喜欢喝酒,对吗?"
5. √
6. √

呢$_1$

讲一讲

“呢”可作语气助词，有时也可作动态助词。为便于区分，本册在标题里把语气助词“呢”写为“呢$_1$”，把动态助词“呢”写为“呢$_2$”。“呢$_1$”可用在疑问句中，也可用在陈述句中。本课讲它在疑问句中的用法。

“呢$_1$”主要用于以下四种疑问句的句末，请看下表：

序号	“呢”的位置	句式特点	例　　句	简要说明
1	特指疑问句句末	疑问代词（什么/谁/几/多少/怎么/哪里等）……呢？	昨天星期几呢？	1. 这几种疑问句句末的“呢”如不带，只表示疑问；如带，则含有犹豫、焦急、为难等语气。 2. “名词/代词＋呢”一般只用于对话语境中，问人或事物的地点，或问对方的看法。
			谁当班长呢？	
			你想吃什么呢？	
			我们怎么去北京呢？	
2	正反疑问句句末	动词/形容词＋不＋动词/形容词＋……呢？	我买不买这本书呢？	
			她喜（欢）不喜欢我呢？	
			明天会不会下雨呢？	
			这样做好不好呢？	
3	选择疑问句句末	是……还是……呢？ 陈述句，……呢？	他是学生还是老师呢？	
			你（是）喝茶还是喝咖啡呢？	
			你（是）今天去还是明天去呢？	
			我晚上吃饺子，你呢？	
4	反问句句末	疑问代词（怎么/为什么/哪能 等）＋……呢？	我怎么能不去上课呢？	“呢”不用也可以，但语气较生硬；有“呢”语气较缓和。
			你为什么不带照相机呢？	
			他哪能知道你来呢？	
			散步有什么不好呢？	

表中1和4所列两种问句中都有疑问代词，但有区别。表中1所列问句中的疑问代词主要是说话人就时间、地点、人、数量、方式等某一方面提问，只用某一个疑问代词，并要求听话人回答——问什么，答什么，不能答非所问。如：

A：你什么时候去南京呢？　　　　（A）：你什么时候去南京呢？

B：我明天上午去南京。　　　　　（B）：*我坐火车去南京。

表中4所列问句是反问句，句里虽然也有疑问代词，但不要求听话人回答。而且，该问句中可用两个不同的疑问代词。如：

他哪会知道谁去南京呢？

我是你妈妈,我怎么不能问你几点回家呢?

表中2所列问句中如果有助动词,正反问的形式是“助动词的正反形式+动词+……呢”。如:

你会不会开汽车呢?　　　　＊你会开不开汽车呢?

他能不能上体育课呢?　　　　＊他能上不上体育课呢?

另外,表中2所列问句也可以用“陈述句,动词/形容词或助动词正反形式+呢”。如:

今天下午我不去上课,行不行呢?

他每天不做作业,好不好呢?

我这儿有咖啡,你想不想喝呢?

在表中3所列问句中,前一个“是”有时可以省略,疑问语气不变。有时,“呢”在两个分句中可重复使用。如:

中午你是吃米饭还是吃面条呢?

中午你吃米饭还是吃面条呢?

中午你吃米饭呢,还是吃面条呢?

另外,表中3所列问句中“陈述句,名词/代词+呢”可问对方的看法,也可问地方。但在具体语境中,“呢”直接跟在一个名词、代词或名词性短语后,一般只是问人或物在什么地方,是一种问句的省略形式。请看下面的句子:

我喜欢这本书,你呢?(你喜欢这本书吗?或:你喜欢哪本书呢?)

书包在这儿,书呢?(书在哪儿呢?)

哎,苏小雨呢?(苏小雨在哪儿呢?)

我的报纸呢?(我的报纸在哪儿呢?)

提示

“吗”和“呢”的区别

(1)“吗”不能用于有疑问代词的特指问句,也不能用于正反问句、选择问句。“呢”不能用于是非问句。

(2)“吗”和“呢”都可用于反问句,但反问句形式不一样。句末用“吗”的反问句一般有“难道”“不是”“还不”“不就是”等这类词语出现;句末用“呢”的反问句,一般都带有疑问代词,如上表所列“怎么”“哪能”“怎能”“为什么”“有什么”等这类词语。

练一练

一、根据要求,用所给的词语和语气助词“呢”提问。

例句:上午 下午 去图书馆(选择问)⟶你明天上午去图书馆还是下午去图书馆呢?

1. 春天　喜欢　(正反问)⟶
2. 苏州　什么时候　(特指问)⟶
3. 怎么　说走就走　(反问句)⟶
4. 水果　怎么　(特指问)⟶
5. 为什么　谈谈　(反问句)⟶

6. 现在　　行不行　　(正反问)——→

7. 喜欢　　西餐　中餐(选择问)——→

8. 聊　　　什么　　(特指问)——→

二、HSK 仿真题:把语气助词“呢”放在适当的位置上。

1. 我 A 和小张 B 都不喜欢喝酒 C,你 D?
2. 他们 A 在宿舍 B,还是 C 在 D 教室呢?
3. 词典 A? 我刚才 B 还 C 看见 D 在桌子上呢。
4. 我现在 A 住在 B 上海 C,你 D?
5. 她今天 A 来还是 B 明天 C 来 D?
6. 哪能 A 让五岁的孩子 B 一个人 C 在家里 D?
7. 他到底 A 在 B 哪儿 C,谁能 D 告诉我?
8. 随便 A 问 B 问,有什么 C 关系 D?

三、选择语气助词“吗”或“呢”填空。

1. 难道你不想学汉语(　　)?
2. 他怎么会认识小红的姐姐(　　)?
3. 你妈妈工作不工作(　　)?
4. 早睡早起有什么不好(　　)?
5. 你要啤酒(　　)? 冰的还是不冰的(　　)?
6. 我不是告诉过你(　　)? 你怎么忘了(　　)?
7. 跟你说声“对不起”还不行(　　)?
8. 我把手机丢了,怎么办(　　)?

四、判断正误,并把有错误的地方改正过来(正确:√;错误:×)

1. 明天你们去不去爬山吗?(　　)
2. 大卫是第一次来苏州吗?(　　)
3. 她不就是那个有名的跳水运动员呢?(　　)
4. 难道你就看不出来他喜欢你吗?(　　)
5. 你去北京是坐汽车还是坐火车吗?(　　)
6. 为什么你就不能认真一点呢?(　　)
7. 玛丽会说不说汉语呢?(　　)
8. 你喜欢你的第一份工作吗?(　　)

五、用语气助词“吗”或“呢”完成下列对话。

1. A:________________________________?
   B:我喜欢吃饺子。
2. A:________________________________?
   B:我们打算十月去北京。
3. A:最近老是在外面吃饭,花的钱太多了。
   B:________________________________?
4. A:________________________________?
   B:现在还是学生,三个月后我就是老师了。
5. A:________________________________?

B：对不起，我把你的电话号码弄丢了。

6. A：________________________？

B：因为他的书非常有意思。

7. A：________________________？

B：当然不是！

8. A：________________________？

B：下午去公园吧。

参考答案

一、1. 你喜欢不喜欢春天呢？
2. 苏州什么时候才会下雪呢？
3. 你们怎么说走就走呢？
4. 这种水果怎么卖呢？
5. 你们为什么不好好谈谈呢？
6. 现在去找他，行不行呢？
7. 你喜欢吃西餐还是喜欢吃中餐呢？
8. 你们想聊什么呢？

二、1. D 2. B 3. A 4. D 5. D 6. D 7. C 8. D

三、1. 吗 2. 呢 3. 呢 4. 呢 5. 吗；呢 6. 吗；呢 7. 吗 8. 呢

四、1. ×，改为："明天你们去不去爬山呢？"或者："明天你们去爬山吗？"
2. √
3. ×，改为："她不就是那个有名的跳水运动员吗？"
4. √
5. ×，改为："你去北京是坐汽车还是坐火车呢？"
6. √
7. ×，改为："玛丽会不会说汉语呢？"或者："玛丽会说汉语吗？"
8. √

五、1. 你喜欢吃饺子吗/你喜欢吃什么呢/你喜欢吃面条儿还是喜欢吃饺子呢
2. 你们打算什么时候去北京呢
3. 你就不能自己在家做饭吗/你怎么不自己做饭吃呢
4. 你是学生还是老师呢/你是学生吗/你是老师吗
5. 我没告诉你我的电话号码吗
6. 大家为什么喜欢看他的书呢
7. 你帮助他是想要他的钱吗
8. 咱们下午去公园还是去超市呢

第五课 啊(呀 哇 哪)

讲一讲

“啊”(a)常作叹词和语气助词。本课讲语气助词“啊”的主要用法。

一、“啊”的变音

“啊”跟其他语气助词不同,它是单元音字,用在句末或句中,一般不单读“啊”音,总会受到前一字韵母或韵尾的影响,发生变音,同时,也可写作不同的汉字。变音情况请看下表:

序号	“啊”前一字的韵母或韵尾	“啊”的发音变化	可写成的汉字	例 句
1	a、e、i、o、ü	a→ya	呀	是你呀!请进!
2	u、ao、ou	a→wa	哇	天气多好哇!
3	-n	a→na	哪(呐)	这孩子聪明得很哪!
4	-ng	a→nga		她工作多忙啊!
5	[-i](zh、ch、sh、r 后的韵母)	a→ra		你吃啊!
6	[-i](z、c、s 后的韵母)	a→ra(平舌)		那么多生词啊!

提示

(1)“啊”根据变音情况也可写成“呀(ya)”“哪(na)”或“哇(wa)”(都读轻声)。其中,“哪”也有人写成“呐”,但“哪”字更常用。另外,要注意“哪”在这里不能读成“nǎ”。

(2)当“啊”前一字是后鼻音及[-i]韵时,并无相应的汉字,但也要把变音读出来。现在汉语普通话水平测试(PSC)就有此项要求:尽管写的汉字是“啊”,但读音要按照上表规律变化来读。

(3)“啊”的变音规律不必死记硬背,读时只需把“啊”前一字跟“啊”连读,就能顺出变化的读音来。

二、“啊”的主要用法

“啊”是汉语中最常用的语气助词之一,口语中广泛使用。它一般用于句末,有时也可用于句中,表达不同的语气。具体用法请看下表所列:

序号	“啊”的位置	句　式	例　　句	语气或作用
1	感叹句句末	感叹句＋啊！	天哪！雨真大啊！ 他的身体多好啊！ 汉语的发音真难啊！ 这里的水真干净啊！	1.“啊”可省略。 2. 用“啊”可表示增强感慨、赞美、兴奋等语气。
2	陈述句句末	陈述句＋啊。	小云也没有错儿啊。 她可以自己洗衣服啊。 我现在不能回去啊。 你声音很小，我听不清啊。	“啊”可省略；但用“啊”可解释或提醒对方，有一定感情色彩，语气缓和。
3	祈使句句末	祈使句＋啊！	快进来啊！ 请吃水果啊！ 你们明天早点儿来啊！ 别喝酒啊！	表示催促、请求、提醒等语气。
4	疑问句句末	是非问＋啊？	她是你妹妹啊？	1.“啊”可省略。 2. 有“啊”语气缓和。 3. 是非问句，如不用“啊”，要读升调。
		特指问＋啊？	你哥哥在哪儿工作啊？	
		正反句＋啊？	小红去不去上海啊？	
		选择问＋啊？	你喝茶还是喝咖啡啊？	
		反问句＋啊？	我哪知道她几点回来啊？	
5	句中停顿处	列举词语＋啊，	牛奶啊、面包啊，家里都有。	有缓和、轻松等语气。
		假设小句＋啊，	要知道你来啊，我就买烤鸭了。	
		话题＋啊，	这事儿啊，我知道了。	可引起对方注意，也可表示犹豫语气。
			你啊，就爱看电视！	
		复式动词＋啊，	他找啊找啊，找了半天，也没找到车钥匙（yào · shi）。	表示过程长。

提示

（1）表中的“啊”有的也可写成变音后的汉字“呀”“哇”或“哪”。

（2）在表中 1 所列句式中，“啊”一般用于“真……啊”或“多(多么)……啊！”句式，不用于用“太”的感叹句式，请看下面的句子：

天气真好啊！　　　　天气太好了！

天气多好啊！　　　　？天气太好啊！

“太……了”这种感叹句式搭配固定，“了”不能换用“啊”“呢”等语气助词。当然，语气助词“了”一般也不能跟“真”“多/多么”搭配用在感叹句中。

（3）在表中 3 所列句式中的“啊”也可用“吧”，但祈使语气比“吧”强一些。请比较下面的句子：

你快跑啊！（提醒）　　　　你多吃点儿啊！（请求）

你快跑吧！（建议）　　　　你多吃点儿吧！（要求）

（4）在表中 4 所列句式中，“是非问＋啊”句式里的“啊”也可用“吗”，但疑问语气比“吗”弱；其他几种“疑问句＋啊”里的“啊”也可用“呢”，意思、语气基本不变。

(5) 在表中 5 所列句式中的“假设小句 + 啊”和“话题 + 啊”里的“啊”也可用“呢”或“吧”。其他不可换用，否则，意思、语气有变。

练一练

一、根据“啊”的变音规律，从上表例句中找出“啊”需变音的句子。

1. “啊”读 ya 的句子：
2. “啊”读 wa 的句子：
3. “啊”读 na 的句子：
4. “啊”读 nga 的句子：
5. “啊”读 ra 的句子：
6. “啊”读 ra 平舌音的句子：

二、请看下面句子中的“啊”还可写成哪些汉字？

1. 时间过得多快啊！
2. 上课了，你怎么不进教室啊？
3. 你要小心啊！最近感冒的人可多呢！
4. 这种衣服真难看啊！谁会穿啊！
5. 这是什么鱼啊？好奇怪啊！
6. 她找男朋友啊，车啊、房啊什么的，一样都不能少呢。

三、HSK 仿真题：把语气助词“啊”放在适当的位置上。

1. 玛丽会 A 写很多汉字 B 了，她的进步真 C 快 D！
2. 他 A 的眼睛多差 B，坐 C 在后边一定 D 看不见！
3. 我 A 哪知道 B 他是 C 哪里人 D？
4. 这件事 A 你到底 B 帮 C 不帮我 D？
5. 他 A，特别懒(lǎn)！就知道 B 衣来伸(shēn)手 C、饭来张口 D。
6. 你说，咱们来 A 瓶 B 红酒还是 C 白酒 D？

四、HSK 仿真题：在下面的 ABCD 中选择唯一恰当的答案。

1. 你说的这件这事儿我怎么不知道______？

A. 了　　B. 吧　　C. 吗　　D. 哇

2. 你真不跟我们一起去爬山______？你一个人在宿舍多没意思 ______！

A. 哪；啊　　B. 啊；吗　　C. 呢；吗　　D. 吗；哇

3. 我要是你______，就不会这么做______。

A. 的；了　　B. 啊；了　　C. 吗；的　　D. 了；了

4. 别抽烟______！这儿可尽是女士和小孩子______！

A. 哪；啊　　B. 了；了　　C. 吧；吧　　D. 吗；吗

5. 我怎么知道他是怎么想的______！

A. 吗　　B. 了　　C. 呀　　D. 吧

6. 他走______走______，突然发现前面有一棵大树。

A. 了；着　　B. 了；了　　C. 啊；啊　　D. /；了

五、判断正误,并把有错误的地方改正过来(正确:√;错误:×)。

1. 这里的风景太美啊!(　　)
2. 我怎么会认识小林的姐姐呢?(　　)
3. 汉字多有意思呀!(　　)
4. 太湖是多么大的啊!(　　)
5. 杰克要回国了,同学们真舍不得他啊!(　　)
6. 时间过得真快的!转眼又到年底了!(　　)

参考答案

一、1.“啊”读 ya 的句子:天哪!雨真大啊!
我现在不能回去啊。
快进来啊!
请吃水果啊!
你们明天早点儿来啊!
她是你妹妹啊?
你哥哥在哪儿工作啊?
小红去不去上海啊?
你喝茶还是喝咖啡啊?
我哪知道她几点回来啊?
牛奶啊、(面包啊),家里都有。
要知道你来啊,我就买烤鸭了。
你啊,就爱看电视!

2.“啊”读 wa 的句子:别喝酒啊!
他的身体多好啊!
她可以自己洗衣服啊。
(牛奶啊)、面包啊,家里都有。
他找啊找啊,找了半天,也没找到车钥匙(yào · shi)。

3.“啊”读 na 的句子:汉语的发音真难啊!

4.“啊”读 nga 的句子:这里的水真干净啊!/你声音很小,我听不清啊。

5.“啊”读 ra 的句子:这事儿啊,我知道了。

6.“啊”读 ra 平舌音的句子:你写字啊!

二、1. 呀　　2. 啊　　3. 哪(呐)
4. 哪(呐);哪(呐)　　5. 呀;呀　　6. 哇;呀;啊

三、1. D　2. B　3. D　4. D　5. A　6. D

四、1. D　2. A　3. B　4. A　5. C　6. C

五、1. ×,改为:“这里的风景真美啊!”或者:“这里的风景太美了!”
2. √
3. √
4. ×,改为:“太湖多么大啊!”
5. √
6. ×,改为:“时间过得真快啊!转眼又到年底了!”或者:“时间过得真快!转眼又到年底了!”

第六课 了$_1$(1)

试一试

请看下面的句子里可以用"了"吗？如果可以的话，用在什么地方最合适？

1. 昨天晚上我看一部电影。
2. 李大明终于找到工作。
3. 上午小文高高兴兴地参观博物馆。
4. 那位老人慢慢地站起来。
5. 大雨下一个晚上。
6. 她已经学两年汉语。
7. 上星期我们去一趟上海。
8. 这两年妈妈的白发多不少。
9. 昨天我们没参加运动会。
10. 他们每天都打篮球。
11. 我想学太极拳。
12. 你觉得这张照片怎么样？

讲一讲

"了"(le)有两种用法，一个是动态助词"了"，常写作"了$_1$"，另一个是语气助词"了"，写作"了$_2$"。本课讲动态助词"了$_1$"。

动态助词"了"的基本语法意义是表示动作的完成或状态的实现，一般用在动词或形容词的后面。它使用范围广、频率高，既可用于独立小句，也可用于非独立句及其他特殊句式中。本课主要讲用在独立小句中的"了"。

"了"在独立小句中一般表示动作行为的发生、完成，放在动词及动结短语(动词＋结果补语)后、宾语前，或放在动词后、复合趋向补语前。常见句式有下面几种：

1. "动词＋了＋定语＋宾语"。如：

   晚上我看了一部电影。

   他刚才接了一个电话。

   她今天买了新手机。

2. "状语＋动词＋了＋宾语"。如：

   上午小文高高兴兴地参观了博物馆。

他们已经顺利地完成了工作。

3. “状语＋动词＋了＋复合趋向补语”。如：

那位老人慢慢地站了起来。

他什么也没说，就走了出去。

提示

(1) 在常见句式一中，宾语前面一般有定语修饰，如“一部”“新”“一个”“一台”等。如是简单宾语必须有上下文，否则，句子表达的意思就不够完整。如：

？我看了电视。

？小华喝了咖啡。

(2) 如果动词后面的宾语是一个句子，动态助词“了”不能用在动词谓语后面。如：

他认为我知道了这件事。　　＊他认为了我知道这件事。

我们看见她进了商店。　　＊我们看见了她进商店。

(3) 如果动词重叠使用，“了”要放在重叠动词之间，不能把“了”放在重叠动词后。如：

刚才我尝了尝那个菜。　　＊刚才我尝尝了那个菜。

(4) 常见句式二中的状语若是介词短语时，要放在动词前，“了”要放在动词后。下面这样的句子是错的：

＊昨天他跟了同学一起去北京。(改为：昨天他跟同学一起去了北京。)

＊今天下午我给了妈妈打一个电话。(改为：今天下午我给妈妈打了一个电话。)

4. “动词＋(结果/简单趋向)补语＋了＋宾语”。如：

李大明终于找到了工作。

他给我送来了一束花儿。

妈妈从包里拿出了一块巧克力。

注意此用法中“了”必须在补语后、宾语前。

5. “动词＋了＋(时量/动量)补语＋(宾语)”。如：

大雨下了一个晚上。

她已经学了两年汉语。

上星期我们去了一趟上海。

提示

(1) 上面两种句子中都有补语，但补语类型不同，动态助词“了”的位置也不同。另外，在句式四中，宾语不可少；在句式五中，可有宾语，也可没有宾语。

(2) 在常见句式三中，如果有复合趋向补语，又有宾语时，可分两种情况，例：

A. 昨天他找出来了一些老照片儿。(“了”放在复合趋向补语“出来”后面)

B. 昨天他找出了一些老照片儿来。(“了”放在趋向动词“出”后面，“来”放在句末)

此用法中，宾语是普通名词时，A、B两种形式都可以，但如果宾语是处所名词时，只可用B这种形式。如：

A	B
＊孩子跑进去公园里了。	孩子跑进公园里去了。

*小红和小兰走出来商场了。　　小红和小兰走出商场来了。

(3) 在句式四中,如带宾语,可放在补语之后,也可放在动词前面。如:课文我读了10遍。如把宾语放在前一动词后,动词要重复使用。如:我读课文读了10遍。

6. "形容词+了+(时量/动量)补语"。如:

他已经饿了一天了。

你最近瘦了很多。

这两年妈妈的白发多了不少。

这类句中的形容词一般都是动词化的,主要是红、黑、白、胖、瘦、大、小、好、差、早、晚、多、少、忙、累、难、容易、清楚、好吃、好玩、好听、好看、难过、舒服、聪明、细心、粗心、有意思等。

提示

(1) 在上面这几种句子中,常有表示过去时间的词语,如"刚才""已经""昨天晚上"等。但如动词前有"每天""经常""一直"等表示经常的、习惯的或多次发生的动作时,动词后不能跟"了"。如:

他们每天都打篮球。

下面的句子是错的,"了"都应去掉:

*他每天去了图书馆。

*她身体不好,常常生了病。

*弟弟晚上一直看了电视。

(2) 用"没有""没"否定动作的句子中,动词后面不能再用"了"。如:

昨天我们没参加运动会。

下面的句子是错的,"了"都应去掉:

*他没买了新电脑。

*他们没有休息了10分钟。

*你最近没瘦了很多。

(3) 助动词(能、会、想、可以等)、关系动词(是、像、作为、等于等)和常带动词短语或小句宾语的"觉得、愿意、认为、希望、打算"等动词,后面不能跟"了"。如:

我想学太极拳。

你觉得这张照片怎么样?

下面的句子是错的,"了"都应去掉:

*小张会了说汉语。

*作为了你的朋友,我应该帮助你。

*他打算了参加足球比赛。

(4) 如果句中的形容词谓语是表示过去状态而不是表示变化的,就不能加"了"。下面的句子是错的:

*上星期,我们游览了长城和故宫,我们都很高兴了。(后一个"了"应去掉)

练一练

一、HSK 仿真题：把“了”放在适当的位置上。

1. A 昨天我 B 买 C 一本词典 D。
2. 我生 A 日的时候，爸爸送 B 我一辆 C 自行车 D。
3. 今年 A 小英终于 B 考 C 上 D 大学。
4. 上星期 A 妈妈给 B 我寄 C 来 D 一个包裹。
5. 这本小说 A 她没看完 B，只看 C 一半 D。
6. 这几个月 A 孩子胖 B 一点儿，C 真是 D 太好了！
7. 在 A 联欢晚会上 B，我们唱 C 歌，也跳 D 舞。
8. 小华说 A 不舒服，我给 B 他量 C 量 D 体温。

二、判断正误，并把错误的地方改正过来（正确：√；错误：×）。

1. 在北京，我们没吃了北京烤鸭。（　　）
2. 我们都以为他已经买好了飞机票。（　　）
3. 她昨天给了我留下电话号码。（　　）
4. 他们还没有习惯那儿的生活。（　　）
5. 昨天晚上我们没去看京剧。（　　）
6. 我很感谢他，他帮我了很多次。（　　）
7. 下课以后，大家一起说说了周末的事儿。（　　）
8. 大卫一下子吃 30 个饺子了。（　　）
9. 老张在邮局工作了 40 多年。（　　）
10. 她感冒了，头很疼。（　　）

三、HSK 仿真题：在下面的 ABCD 中选择唯一恰当的答案。

1. 昨天下午留学生们______苏州博物馆。

A. 参加　　B. 参观　　C. 参加了　　D. 参观了

2. 我已经______今天学的生词。

A. 记　　B. 记住　　C. 记住了　　D. 记了住

3. 星期天我们俩在上海______很多新衣服。

A. 买　　B. 买了　　C. 买好　　D. 买出

4. 今天她们一连______好几个名胜古迹。

A. 游览了　　B. 旅游了　　C. 旅行　　D. 游客

5. 小明的奶奶在中学______几十年老师。

A. 是了　　B. 当了　　C. 成了　　D. 教了

6. 这时，他从车里______一大束（shù）鲜花儿。

A. 没拿来　　B. 拿了来　　C. 拿了出　　D. 拿出了

7. 刚才医生给孩子______，现在，他已经睡着了。

A. 打针　　B. 打了一针　　C. 打一针了　　D. 打针了一下

8. 你理发了？很漂亮，______许多！

A. 年轻了　　B. 轻松了　　C. 年轻　　D. 青年

四、用(　　)中的动词和动态助词"了"完成句子。

1. 去年暑假我在北京________________。(游览)
2. 昨天我们________________。(学)
3. 你放心吧,我已经按时________________。(完成)
4. 为了去接朋友,今天一大早我________________。(起)
5. 在这次作文比赛中,小林________________。(得)
6. 你怎么现在才来?我们在这儿________________。(等)
7. 他对苏州非常熟悉,因为他在那儿________________。(住)
8. 圣诞节快到了,我昨天一下子________________。(寄)

五、仿照例句造句,并用上所给的词语和动态助词"了"。

例:看　　电影——→ 昨天晚上我们看了一部电影。

1. 认识　　中国朋友——→
2. 学会　　太极拳——→
3. 银行　　工作——→
4. 终于　　爬——→
5. 画　　20 年——→
6. 知道　　结婚——→
7. 妈妈　　做——→
8. 大雪　　下——→

参考答案

一、1. C　2. B　3. D　4. D　5. C　6. B　7. C、D　8. C

二、1. ×,改为:"在北京,我们没吃北京烤鸭。"　2. √
3. ×,改为:"她昨天给我留下了电话号码。"　4. √
5. √　6. ×,改为:"我很感谢他,他帮了我很多次。"
7. ×,改为:"下课以后,大家一起说了说周末的事儿。"　8. ×,改为:"大卫一下子吃了 30 个饺子。"
9. √　10. √

三、1. D　2. C　3. B　4. A　5. B　6. D　7. B　8. A

四、1. 游览了故宫和颐和园　2. 学了一首中国歌儿
3. 完成了作业/论文　4. 就起床了
5. 得(到)了一等奖　6. 等了你半小时了
7. 住了 10 年了　8. 寄出了 10 张贺卡

五、1. 今天我认识了一个中国朋友。　2. 玛丽已经学会了太极拳。
3. 哥哥在银行工作了 10 年了。　4. 他们终于爬上了黄山。
5. 老李画长城画了 20 年。　6. 我刚知道小张已经结了婚了。
7. 我生日的时候,妈妈做了许多菜。　8. 这场大雪下了整整三天。

第七课 着(1)

试一试

在下面的句子中,“着”放在什么位置最合适?

1. A 她 B 正在上 C 课呢。
2. 爸爸正开 A 汽车 B 呢,不能接 C 电话。
3. 院子里,孩子们在 A 玩 B 游戏 C,谁都没注意他。
4. 我就这么看 A 他,一句话也 B 没说 C。
5. 你 A 别总是站 B,快坐 C 下 D 吧。
6. A 小王 B 已经在 C 门口等 D 了。

讲一讲

“着(zhe)”作为动态助词,其基本语法意义是表示动作正在持续或状态正在持续。主要用法如下:

1. 动词+着,表示动作的持续。这种用法的基本形式是“主语+(正在)+动词+着+(宾语)”。如:

她正在上着课呢。

爸爸正开着汽车呢,不能接电话。

院子里,孩子们在玩着游戏,谁都没注意他。

小张写着信呢。

老人来了,他儿子扶着他。

刚到 11 点,我就想着吃午饭了。

(1) 动词前可加副词“正在”“正”“在”,句末可带表示进行的语气助词“呢”,如上面前两个例句。有时,句子仅靠句末的助词“呢”表示动作正在进行,这类句中的谓语动词前虽没有“正在”“正”“在”等副词,但从语义上看,也可以加上这些副词。如上面第四个例句。

(2) 动词后如带宾语,动态助词“着”要放在动词和宾语之间,不能放在动宾结构的后面。如下面两句是错的:

*她们唱歌着呢。

*我正看电视着的时候,阿明来了。

(3) 后面常跟“着”,表示进行的动词都是持续性动词(即表示动作可持续一段时间的动词),常见的有“吃”“喝”“说”“唱”“走”“等”“讨论”“调查”“学习”“研究”等。

（4）表示动作在瞬间发生的动词，后面一般不能跟“着”，如“来”“去”“开始”“结束”“停止”“离开”“出现”“出发”等。另外，“是”“在”“知道”“认识”等表示某种静止状态或本身已包含持续性的动词，后面也不能用“着”。

（5）带“着”的动词前，加上“已经”“早就”“就”等副词，可以表示过去动作的持续。如上面最后一例。

（6）副词“正在”和句式“正/在……呢”“……呢”都可表示动作在某个时段的正在进行。但像下面的“在……动词+着……”是表示动作长时间地、频繁地持续。

在他看来，成年人每天每夜都是在玩着形形色色的勾心斗角的游戏。

（7）由于第六点所说的原因，上面例句中的前两个句中的“着”如省去不用，句子也是正确的。“试一试”中第一例中若无语气助词“呢”，也不用“着”时，一般后面还要有后续成分。如：

她正在上课，我们等一会再找她吧。

不过上面例句中最后两例如无“着”，就不能表示动作状态的持续。

2. 动词/形容词+着，描写状态的持续。这种用法的基本结构之一是“动词+着”。如：

他一直穿着那件黑大衣。

小明不爱运动，喜欢坐着。

我就这么看着他，一句话也没说。

你别总是站着，快坐吧。

小王已经在门口等着了。

另一种结构形式是“形容词+着”。如：

他办公室的灯一直亮着。

这个房间还空着。

小林红着脸，很不好意思。

（1）表示状态持续的“动词+着”主要作用是描写。这类用法的动词前可加“一直”“总是”“常常”“还”等有持续义的时间副词。

（2）如果谓语动词是离合词，如“睡觉、洗澡、聊天、谈话、跑步、散步、跳舞、唱歌、上课”等，“着”一般应插在中间。如：

朋友来找大卫时，他正睡着觉呢。

我正洗着澡呢，不能接电话。

（3）这类句中如果有副词“正”，可以省略“着”，说明动作正在进行，不强调持续的状态。如果句中无“正”，就必须要用“着”来表示持续。如：

那个跟马克聊着天的人是我哥哥。

王平怎么上着课就出去了？

（4）“在+处所名词”一般在动词谓语前面，作状语，动词后可跟“着”，如第一种用法的第一例；“在+处所名词”在动词谓语后面作处所补语时，不用“着”。如下面的例子是错的：

*她妈妈住着在北京。

（5）后面可带“着”的形容词数量不多，如“忙”“急”“亮”“红”“黑”“空”“闲”等，表示某种持续的状态。如本用法中的例句。另外，在“还/一直+形容词+着”这样的句子中，“着”都不能省略，否则，句义表达不完整。如：

*这个房间还空。

*她的头一直低。

练一练

一、HSK 仿真题:把"着"放在适当的位置上。

1. 你打 A 来电话 B 时,我正 C 看 D 电视呢。
2. A 我进去 B 的时候,他打 C 电话 D 呢。
3. 我们正 A 聊 B 你们班表演 C 小品的事儿 D 呢。
4. 小李,A 你 B 为什么 C 总是低 D 头?
5. 十多年来 A,老王 B 一直保持 C 早睡早起的生活 D 习惯。
6. 那个孩子长 A 一对 B 小虎牙,又特别爱 C 笑,可爱 D 极了。

二、请用适当的"动词/形容词 + 着"填空。

(参考词语:开、下、关、急、带、站、拿、忙、干)

1. 上课时,李老师一直__________。
2. 办公室的窗子常常__________。
3. 这几天我每天都__________雨伞。
4. 下班儿了,你怎么还__________呢?
5. 已经是 4 月底了,那里还__________雪呢。
6. 他__________赶火车,没吃饭就走了。

三、判断正误,并把错误的地方改正过来(正确:√;错误:×)。

1. 我看他,什么也没说。(　　)
2. 王老师来的时候,我们正在聊天儿呢。(　　)
3. 都 7 点多了,办公室的灯还亮。(　　)
4. 孩子们都坐着在草地上。(　　)
5. 身体不舒服也不能老躺着。(　　)
6. 早上,我看见大华时,他正在操场跑步着呢。(　　)
7. 你知道这件事儿吗?(　　)
8. 比赛正开始着,我们快去看吧。(　　)

四、连词成句。

1. 山本/歌儿/正/着/和/呢/唱/黄小明

⟶

2. 些/想/着/这/我/最近/一直/问题

⟶

3. 他/考试/着/最近/忙/呢/正

⟶

4. 戴/总是/帽子/着/你/吗/哥哥

⟶

5. 女孩儿/雨伞/常常/那个/一/拿/着/把

⟶

6. 阿里/运动衣/的/着/那套/老/穿/爱/白色

⟶

五、用动态助词"着"完成对话。

1. A：你昨天参加联欢会了吗？

   B：我去晚了，坐在后面。我进去时，你们正在________________。

2. A：哎呀，我忘带照相机了！

   B：没关系，________________。

3. A：小强起来了吗？

   B：没呢，他还________________。

4. A：小李和小张呢？

   B：他们在操场上________________。

5. A：今天上午你怎么不接我的电话？

   B：对不起，我正________________，不能接电话。

6. A：阿华已经走了吗？

   B：没走，她还在外面________________呢！

参考答案

一、1. D　2. C　3. B　4. D　5. C　6. A

二、1. 站着　2. 开着/关着　3. 带着/拿着

4. 忙着/干着　5. 下着　6. 急着/忙着

三、1. ×，改为："我看着他，什么也没说。"

2. √

3. ×，改为："都7点多了，办公室的灯还亮着。"

4. ×，改为："孩子们都在草地上坐着。"或者："孩子们都坐在草地上。"

5. √

6. ×，改为："早上，我看见大华时，他正在操场跑着步呢。"

7. √

8. ×，改为："比赛开始了，我们快去看吧。"

四、1. 山本和黄小明正唱着歌儿呢。　2. 最近我一直想着这些问题。

3. 他最近正忙着考试呢。　4. 你哥哥总是戴着帽子吗？

5. 那个女孩儿常常拿着一把雨伞。　6. 阿里老爱穿着那套白色的运动衣。

五、1. 唱着歌呢　2. 我带着(相机)呢

3. 睡着(觉)呢　4. 踢着(足)球呢

5. 上着课　(呢)　6. 等着/站着

第八课 过(1)

试一试

请看下面的句子里什么地方可以加上动态助词“过”？

1. 我认识那个刘主任，以前曾经跟她一起吃几次饭。
2. 你在北京住了两年了，居然还没爬长城？
3. 刚下岗时，她也伤心一段时间，直到找到新工作才慢慢好起来。
4. 别看老人又黑又瘦，其实他很健康，还当登山队队长呢！
5. 大山从来没吃北京烤鸭。
6. 谁不会犯错误呢？难道你就没犯错误吗？
7. 大卫学一年汉语。
8. 我觉得包饺子太麻烦了，得忙半天才包得好。

讲一讲

“过”有动词用法（读 guò），也有助词用法（读 guo）。本书所讲的是助词“过”。

动态助词“过”的基本语法意义有二：一是表示动作行为曾经发生或某种情况、状态已经成为过去；二是表示动作的结束。本课讲其两种最基本的用法。

一、用在动词后

“过”用在动词后面，表示某动作行为曾经发生。这类用法的基本结构是“（曾经）＋动词＋过＋宾语/补语”。如：

李英子曾经去过西安。
上个星期她吃过两次火锅。
大卫学过一年汉语。
我以前见过他几次。
你们看过中国电影吗？
我认识那个刘主任，以前曾经跟她一起吃过几次饭。
别看老人又黑又瘦，其实他很健康，还当过登山队队长呢！

1. 这类“动词＋过”都表示过去的事情，动词前常用副词“曾经”。如上面“试一试”中例1。动词如果带宾语，“过”一定要紧跟动词后，不能放在宾语后。

2. “动词＋过”后常带动量补语或时量补语，说明动作重复的次数或持续的时间。如动词同时带有这类补语和宾语，宾语为一般名词时，句式为：动词 + 过 + 动量补语 / 时量补语 + 宾语（如本用法例句中的例2、例3、例6）；如宾语是代词时，句式为：动词 + 过 + 宾语 + 动量补语 / 时量补语（如本用法例句中的例4）。另外，如果谓语动词是离合词，宾语要放在补语之后，如：

李丽在英国留过两年学。（把“留学”分开，时量补语插在中间）

今天太热了，我已经洗过两次澡了。（把“洗澡”分开，动量补语插在中间）

如果强调某个动作很早以前就发生过，表示时间的词语则放在谓语动词的前面或在主语前。如：

长城我两年前就去过了。

三年前，我就见过他。

3. 这类句子中，可以用表示过去的时间词语“上个星期”“以前”等，如“试一试”中例2；也可以不用时间词语，如“试一试”中例1。但一般不能用“有一天”“有一年夏天”等这类很不确定的时间词语。如下面的句子是错的：

＊有一年，我参加过小明的生日晚会。

“动词 + 过”的否定句形式是“没（没有）+ 动词 + 过 + ……”。这时一般不能再用“曾经”，常与“从来”“还”一起使用。如：

你在北京住了两年了，居然还没爬过长城？

谁不会犯错误呢？难道你就没犯过错误吗？

当然，也可用这样的否定形式：不曾 + 动词 + 过 + ……。如：

大山从来没吃过北京烤鸭。　　大山不曾吃过北京烤鸭。

小学的时候我没学过英语。　　小学的时候我不曾学过英语。

4. “试一试”中例6是“动词 + 过”的疑问句形式，即“动词 + 过 + 宾语 + 吗？”也可以是“动词 + 过 +（宾语）+ 没有？”后一种形式的句末不能用语气助词“吗”。如：

你学过这个生词吗？

你学过这个生词没有？

＊你学过这个生词没有吗？

5. 有些表示认知意义或动作性不强的动词，后面一般不带“过”。如“以为、认识、知道、懂、明白、在、是、属于”等。只有在否定句中，“明白”“懂”才可带“过”。如：

＊我知道过这件事。

＊小张认识过老李。

√他说的话我从来没明白过。

6. 句子中有表示经常性意思的，动词后不能带“过”。如：

我觉得包饺子太麻烦了，得忙半天才包得好。

因而下面的句子是错的：

＊以前我们经常看过电影。

＊她去年一直在图书馆工作过。

二、用在形容词后

“过”用在形容词后面，表示某状态曾经存在。此类用法的基本结构是“（副词/时间词语）+ 形容词 + 过 +（其他）”。如：

他的宿舍从来没这么干净过。

奶奶年轻的时候也曾漂亮过。

我女儿小时候胖过一段时间，上学后才瘦的。

刚下岗时，她也伤心过一段时间，直到找到新工作才慢慢好起来。

1. “形容词 + 过”的否定句形式是“没(没有) + 形容词 + 过 + ……”。如强调程度，形容词前常用“这么、那么”修饰(如本用法例句中的例1)；如要表示状态曾持续过的时间，就应作为时量补语放在“过”的后面(如本用法例句中的例3)。

2. 这类句子中一般含有跟现在比较的意思，所以常有表示时间的词语，如本用法例句中的“从来”“年轻的时候”“小时候”“刚下岗时”等。

练一练

一、HSK 仿真题：把“过”放在适当的位置上。

1. 我 A 的好朋友 B 曾经去 C 西藏 D。
2. 这些生词我 A 三年前 B 就已经 C 学 D 了。
3. 《红楼梦》A 这本小说 B 她曾经读 C 很多遍 D。
4. 那个长 A 头发的女孩儿 B 我以前见 C 一次 D。
5. 他和姐姐 A 从来 B 没见 C 奶奶 D。
6. 他是 A 我见 B 的最聪明 C 的人 D。
7. 她以前也瘦 A，结婚 B 后才 C 开始胖 D 的。
8. 我觉得 A 北京的夏天 B 以前从来没 C 这样热 D。

二、判断正误，并把错误的地方改正过来(正确：√；错误：×)。

1. 去年大卫只看京剧过一次。(　　)
2. 她妈妈曾经在小学当八年老师。(　　)
3. 我不相信你从来没吃过苹果。(　　)
4. 我在学习中也遇到过很多困难。(　　)
5. 小强有一年参加过一次足球比赛。(　　)
6. 在中国留学的时候，你游览过苏州园林没有？(　　)
7. 她是我的小学同学，我们很早以前就认识过。(　　)
8. 玛丽在北京学过一年汉语。(　　)

三、用(　　)中的动词和动态助词“过”完成句子。

1. 来苏州以后，我已经________________________。(游览)
2. 老张的女儿曾经________________________。(当)
3. 小文 10 岁的时候就________________________。(发表)
4. 刘老师正忙着写他的书呢，他一个月________________________。(出)
5. 她是个很要强的女孩子，从来没________________________。(麻烦)
6. 听说你哥哥________________________，是吗？(翻译)
7. 这几年他常常加班，________________________。(休息)
8. 你们学校________________________？(举办)

四、仿照例句造句，并用上所给的词语和动态助词“过”。

例：学　　汉语——→玛丽在北京学过两年汉语。

1. 唱　　中国歌儿——→
2. 收　　包裹——→
3. 送　　生日礼物——→
4. 参加　　运动会——→
5. 准备　　晚饭——→
6. 朋友　　高兴——→
7. 这条老街　　热闹——→
8. 心情　　紧张——→

参考答案

一、1. C　2. D　3. C　4. C　5. C　6. B　7. A　8. D

二、1. ×，改为：“去年大卫只看过一次京剧。”
2. ×，改为：“她妈妈曾经在小学当过八年老师。”
3. √
4. √
5. ×，改为：“小强去年参加过一次足球比赛。”
6. √
7. ×，改为：“她是我的小学同学，我们很早以前就认识了。”
8. √

三、1. 游览过好几个园林了
2. 当过运动员
3. 发表过一首诗
4. 都没出过门儿
5. 麻烦过别人
6. 翻译过中国的小说
7. 节假日也从来没休息过
8. 举办过全国女子足球赛

四、1. 我们在晚会上唱过中国歌儿。
2. 你没收到过包裹吗？
3. 他给女朋友送过许多生日礼物。
4. 她参加过很多次运动会了。
5. 你为父母准备过晚饭吗？
6. 我的朋友好久没这样高兴过了。
7. 这条老街以前也曾经热闹过。
8. 以前考试的时候我的心情也紧张过。

单元练习

一、HSK 仿真题:把(　　)中的助词放在适当的位置上。

1. 现在 A 我们开始 B 一句 C 一句 D 念课文。(地)
2. 昨天 A 下午是你们 B 在教室 C 唱歌 D?(吗)
3. 去年 A,我们俩 B 只见 C 三次面 D。(了)
4. 这两天 A 她腿疼 B,一直 C 躺 D。(着)
5. 我 A 姐姐 B 公司 C 经理要来苏州 D 开会。(的)
6. 自从我认识 A 她以来 B,还从没见她 C 这么高兴 D。(过)
7. 怎样 A 才能 B 少花钱 C、多办事儿 D?(呢)
8. 我看 A 出来 B,他对你的工作 C 还是 D 挺满意的。(得)
9. 旅游 A 景点 B 附近 C 酒店一般都比较贵 D。(的)
10. 写完 A 信后,他又 B 很认真 C 读了一遍 D。(地)
11. 这么多 A 钱 B,你一个月用 C 掉用不掉 D?(得)
12. 我试 A 试 B 那条裙子,很合身 C,颜色也挺不错 D。(了)
13. 工作再忙 A 再累 B,他都不曾 C 叫 D 苦。(过)
14. 我们正 A 吃 B 饭 C,客人就来 D 了。(着)
15. 不就是 A 丢了 B 两本书 C? 你别太紧张了 D。(吗)
16. 你听,他的 A 发音 B 多 C 标准 D!(啊)

二、把Ⅰ、Ⅱ两组的词句正确地搭配起来,并在需要的地方加上适当的结构助词。

Ⅰ组	Ⅱ组
1. 高大山同学跑	A. 笔记本电脑
2. 这个孩子总是不停	B. 透了
3. 从上海来	C. 嗓子都哑了
4. 放学后,同学们三三两两	D. 非常流利
5. 他的听力糟	E. 吃东西
6. 张经理累	F. 快极了
7. 我买了一台	G. 王先生已经到了
8. 他汉语说	H. 时间和地点
9. 通知上清楚	I. 离开了学校
10. 他们约好了见面	J. 写着你的名字呢

三、HSK 仿真题:在下面的 ABCD 中选择唯一恰当的答案。

1. 你到底要点哪个菜______? 是红烧鱼,还是糖醋鱼?

A. 吗　　B. 着　　C. 呢　　D. 了

2. 现在外面还在下______大雨呢,我们明天再去逛商场吧。

A. 了　　B. 着　　C. 过　　D. 的

3. 这个西瓜是新品种，不好吃______？

A. 吗　　B. 着　　C. 过　　D. 呢

4. 今天，她终于说出______她的心里话。

A. 的　　B. 过　　C. 了　　D. 着

5. 你收到大卫的邮件没有______？

A. 了　　B. 啊　　C. 吗　　D. 的

6. 我听说______这个人，但没见________。

A. 了；了　　B. 过；了　　C. 了；的　　D. 过；过

7. 你有话快说！没见我正忙______吗？

A. 着　　B. 了　　C. 过　　D. 的

8. 周末有空儿______？我们去看电影，怎么样？

A. 吗　　B. 呢　　C. 的　　D. 着

9. 是你来我这里，还是我去你那里______？

A. 呢　　B. 吗　　C. 的　　D. 过

10. 她呆呆______坐在椅子上，手里拿______一封信。

A. 的；了　　B. 地；着　　C. 得；了　　D. 地；的

11. 这种药我已经吃______三天了，怎么头疼还没好点儿______？

A. 得；啊　　B. 的；吗　　C. 了；呢　　D. 着；吗

12. 我明天有点儿事，想请半天假，______吗？

A. 对　　B. 行　　C. 好的　　D. 好不好

13. 为了这个项目，他已经忙______几个月了，一直没好好儿休息______。

A. 过；了　　B. 了；过　　C. 着；了　　D. 得；过

14. 这两天她病______，在医院住______呢。

A. 的；了　　B. 了；着　　C. 呢；了　　D. 了；了

15. 你说的就是他______！我还以为是谁______！

A. 呢；了　　B. 啊；呢　　C. 的；啊　　D. 吗；了

四、判断正误，并把有错误的地方改正过来（正确：√；错误：×）。

1. 你来北京以前，难道没听说长城呢？（　　）
2. 我上中学的时候，李老师教我英语。（　　）
3. 这几年，她一直工作过在图书馆。（　　）
4. 我用钢笔写作文，好不好吗？（　　）
5. 他一直都知道着这个秘密。（　　）
6. 孩子呢？跑进洗手间去了？（　　）
7. 这么晚了，你一个人地走，不怕吗？（　　）
8. 我们昨天说好了的事，今天怎么会又变了呢？（　　）
9. 他红的脸从老板的办公室走了出来，一句话也不说。（　　）
10. 那是谁自行车？怎么停在路口呢？（　　）
11. 绿灯亮了，我们可以走了。（　　）
12. 我看见他的时候，他正急地往外走呢。（　　）

13. 最近的天气太热啊！(　　)

14. 他今天心情不好，抽烟抽得很厉害。(　　)

15. 我想啊想啊，终于想出了一个好办法。(　　)

五、用(　　)里的词语完成句子。

1. 你英语说得这么好，________________________________？(怎么；呢)

2. 你再想一想，________________________________？(还；去过)

3. 除了手机以外，大卫昨天____________________________。(买了；足球)

4. 你________________________？没看过的话，我周末带你去看。(看过；吗)

5. 这________________________________？我从没来过。(到底；啊)

6. 王静今天去爬山了，累得不得了，晚上______________________了。(地；休息)

7. 小林到底喜欢不喜欢阿美，这封信里____________________________。(得；清楚)

8. 在我们学校，________________________________。(百分之八十；学习)

9. 201 房间的门和窗子这几天______________________________。(一直；关着)

10. 李明，________________？你____________________？我有急事找她。(呢；看见)

六、根据要求造句或改写句子。

(一) 用(　　)中的词语，把下列句子改成问句。

1. 我明天不在家。(吗)

2. 他们"五一"去西安旅行。(什么时候；呢)

3. 阿丽的这个皮包非常贵。(吗)

4. 我就住在公园的对面。(到底；哪儿；啊)

5. 那件白衬衫是我大哥的。(谁的；呢)

(二) 用(　　)中的词语，把下列句子改成反问句。

1. 她知道怎么去苏州乐园。(难道；吗)

2. 已经六点了，孩子应该回家了。(还；吗)

3. 马克不认识王经理。(怎么会；呢)

4. 我好久没跟他联系了，不知道他现在做什么工作。(哪；啊)

5. 王平想一个人住，这没什么错！(有什么；吗)

(三) 用所给的词语造句。

1. 参观　过——→

2. 一直　想着——→

3. 终于　找到了——→

4. 还没　过——→

5. 裤子　长了——→

七、HSK 仿真题：找出下面句子中有错误的一部分，并改正过来。

1. 这个李小天，真有意思，现在刚开学，他就想了放假了。

A　B　C　D

2. 最近他很忙，每天都工作了十几个小时，有时，连吃饭的时间都没有。

A　B　C　D

3. 我记得，那年冬天，苏州下过一场很大雪，我还拍了几张雪景照片呢。
A B C D

4. 他的书房只有 10 平方米，不大得很，不过，收拾得很干净。
A B C D

5. 半年多了，可是，小林还没有习惯了这里的生活，早上老起不来。
A B C D

6. 我学这个汉字，但是，现在忘了，我要查一下字典。
A B C D

7. 今年年底，她打算了学开汽车，因为，明年春天她要去郊区工作。
A B C D

8. 她 20 岁了，是大学生，又不是 3 岁的小孩儿，她会不会听我的建议吗？
A B C D

9. 上个星期，我曾经找过两次她，可是，都没见到她。
A B C D

10. 没想到这儿这么冷，能穿的衣服 我都已经穿过了，可还是冷。
A B C D

11. 现在，我女儿在国外上学，我真想她了，晚上做梦都会梦到她。
A B C D

12. 年轻的时候，他常常工作着到半夜，现在，年纪大了，不能熬夜（áoyè）了。
A B C D

八、HSK 仿真题：综合填空。

(1—3)

苏州的很多园林曾经是有钱人的私家花园，但现在都已收为国家所有__(1)__。游客和市民只要花少量__(2)__钱就可以进去游览，如果你愿意，可以在里面玩儿上一整天__(3)__。

1. A. 过　B. 的　C. 了　D. 着
2. A. 地　B. 的　C. 得　D. 了
3. A. 吗　B. 了　C. 过　D. 呢

(4—7)

几十年来，自行车一直深受人们__(4)__欢迎。不过近些年来，电动自行车因为速度快、省力，在很多城市盛行（shèngxíng）起来了。可是，怎么处理那些废弃（fèiqì）的电池

(diànchí) ___(5)___？难道仅仅扔掉就___(6)___？难道我们不该为我们的后代留下更大、更洁净的空间___(7)___？

4. A. 很	B. 非常	C. 地	D. 的
5. A. 了	B. 吗	C. 呢	D. 哇
6. A. 行了吗	B. 行不行	C. 好不好	D. 不可以吗
7. A. 呢	B. 了	C. 吗	D. 呀

(8—12)

他每天都是急急忙___(8)___上班、下班，总是把自己搞___(9)___很忙、很累，不让自己闲___(10)___。他说自己身体很棒(bàng)，连感冒也没得___(11)___。可是昨天他病倒___(12)___，现在只能躺在床上，什么事儿也做不了。

8. A. 的	B. 地	C. 得	D. 着
9. A. 了	B. 过	C. 得	D. 呢
10. A. 着	B. 了	C. 过	D. 的
11. A. 了	B. 吗	C. 啊	D. 过
12. A. 的	B. 着	C. 过	D. 了

(13—16)

小李这个人___(13)___，什么都好，就是容易忘事儿。昨天我跟他约好今天一大早在学校大门口见面的，可是我等___(14)___半天也没等到他。只好给他打电话，原来他早把约会给忘___(15)___一干二净了，正躺在床上睡大觉___(16)___！

13. A. 哪	B. 了	C. 的	D. 吗
14. A. 着	B. 过	C. 得	D. 了
15. A. 了	B. 得	C. 地	D. 啊
16. A. 吗	B. 啊	C. 呢	D. 了

参考答案

一、1. D 2. D 3. C 4. D 5. C 6. D 7. D 8. A 9. C 10. C 11. C 12. A 13. D 14. B 15. C 16. D

二、

1. ＋得＋F	2. ＋地＋E	3. ＋的＋G	4. ＋地＋I
5. B	6. ＋得＋C	7. A	8. ＋得＋D
9. ＋地＋J	10. ＋的＋H		

三、1. C 2. B 3. A 4. C 5. B 6. D 7. A 8. A 9. A 10. B 11. C 12. B 13. B 14. B 15. B

四、1. ×，改为："你来北京以前，难道没听说过长城吗？"

2. √

3. ×，改为："这几年，她一直在图书馆工作(着)。"

4. ×，改为："我用钢笔写作文，好不好/好吗/行吗/可以吗？"

5. ×，改为："他一直都知道这个秘密。"

6. √

7. ×，改为："这么晚了，你一个人走，不怕吗？"

8. √

9. ×,改为:“他红着脸从老板的办公室走了出来,一句话也不说。”
10. ×,改为:“那是谁的自行车? 怎么停在路口呢?”
11. √
12. ×,改为:“我看见他的时候,他正急着往外走呢。”
13. ×,改为:“最近的天气真热啊!”或者:“最近的天气太热了!”
14. √
15. √

五、1. 怎么学的呢　2. 还去过哪些地方
3. 还买了一只足球　4. 看过中国电影吗
5. 到底是哪儿啊　6. 早早地休息
7. 写得很清楚　8. 百分之八十的学生学习英语
9. 一直关着　10. 玛丽呢;看见她了吗

六、(一) 1. 你明天不在家吗?
2. 他们什么时候去西安旅行呢?
3. 阿丽的这个皮包贵吗?
4. 你到底住在哪儿啊?
5. 那件白衬衫是谁的呢?

(二) 1. 难道她不知道怎么去苏州乐园吗?
2. 已经6点了,孩子还没回家吗?
3. 马克怎么会认识王经理呢?
4. 我好久没跟他联系了,哪会知道他现在做什么工作啊?
5. 王平想一个人住,难道这有什么错吗?

(三) 1. 我参观过那家博物馆。
2. 这几天她一直想着这个问题。
3. 她终于找到了那本杂志。
4. 我还没去过美国。
5. 这条裤子太长了,有短点儿的吗?

七、1. D,改为“他就想着放假了”
2. B,改为“每天都工作十几个小时”
3. C,改为“苏州下过一场很大的雪”
4. B,改为“不太大”或者“小得很”
5. C,改为“小林还没有习惯这里的生活”
6. A,改为“我学过这个汉字”
7. B,改为“她打算学开汽车”
8. D,改为“她会不会听我的建议呢”
9. B,改为“我曾经找过她两次”
10. C,改为“我都已经穿上了”
11. C,改为“我真想她”或者“我真想她啊”
12. B,改为“他常常工作到半夜”

八、1. C　2. B　3. D　4. D　5. C　6. A　7. C　8. B　9. C　10. A　11. D　12. D　13. A　14. D　15. B　16. C

·第二单元·

第一课　了₂(1)

试一试

选择语气助词"吗、啊、呢、了"填空。

1. 昨天晚上你去哪儿(　　)?
2. 你喜欢什么运动,是游泳还是打篮球(　　)?
3. 秋天到了,枫(fēng)树的叶子都红(　　)。
4. 这里的风景多美(　　)!
5. 张先生已经好长时间没喝酒(　　)。
6. 明天你想去上海(　　)?
7. 明年春天她就满20岁(　　)。
8. 你要的资料我终于查到(　　)。

讲一讲

"吗、啊、呢、了"都可以用在句末,前三者的用法已在第一单元的第四、第五课讲过,所以上面"试一试"中的2、4、6句的句末应分别用语气助词"呢""啊""吗",而其他句子的句末都应用"了"。显然,这里的"了"有别于第一单元第六课所讲的"了"。本课讲的是语气助词"了",即"$了_2$"(本课中没标注的"了"都是指"$了_2$"),它一般用于句末或句中停顿的地方,表示肯定语气。主要用法有以下五种。

1. " 动词+(宾语)+了"。该用法用于肯定事态的变化,确认某种事实。如:

那里一定发生什么事儿了!
我跟老高20年前就认识了。
昨天下午他们去苏州乐园了。
她已经不当经理了!
孩子笑了。
昨天晚上你去哪儿了?
张先生已经好长时间没喝酒了。

(1) 用语气助词“了”的句子，通常用于确认已发生的事实，可用表示过去的时间词语，如“昨天”“20 年前”等，或用于“早(早就) + 动词 + ……了”“已经 + 动词 + ……了”这类句式，如上面几例。

(2) 用语气助词“了”的句子，也可表示现在或将来时间发生的事情。表示将要发生变化的句式是“要(快/就/快要/就要) + 动词 + ……了”。例：

快看，外面下雪了！(现在)

明年春天她就满 20 岁了。(将来)

另外，“就/就要”前可加“马上”“很快”及“明天”等表示时间的词语，但“快/快要”前不可(请参见《副词》分册)。

(3) 表示认识、想法、能力等发生变化时，句中常出现助动词，即“助动词 + 动词 + 宾语 + 了”。如：

我不想去逛街了。

张文能用英语写信了。

老马也会开汽车了。

2. “动词/形容词 + 补语 + 了”。如：

今天上午我把包裹寄〈出去〉了。(趋向补语)

我们在这儿等了〈半个小时〉了。(时量补语)

那家书店我已经去过〈好多次〉了。(动量补语)

李英子的汉语说得流利〈极〉了。(程度补语)

进了这家公司以后，他比以前忙〈多〉了。(程度补语)

你要的资料我终于查〈到〉了。(结果补语)

3. “动词 + $了_1$ + 宾语 + $了_2$”。如：

我吃了早饭了。

你写了回信了吗？

他们俩已经买了新手机了。

这篇课文我念了三遍了。

提示

(1) 用法二、用法三既可以表示动作的完成，也可以表示事态发生变化。

(2) 在用法二中，句末的“$了_2$”不可缺少；带时量或动量补语的动词也可同时用“$了_1$”，但可省略；有结果补语的动词后一定不能用“$了_1$”。形容词后带有程度补语时，用法 2 则变为“形容词 + 补语 + 了”；在比较句中，常用“A 比 B + 形容词 + 了”用法，如用法二中的第五例。

(3) 用法三中的“$了_1$”可以省略，但“$了_2$”不能省。

(4) 当动词后面带有数量补语时，用法三可变为“动词 + $了_1$ + 数量补语 + $了_2$”；如果同时带有数量补语和宾语，用法为“动词 + $了_1$ + 数量补语 + 宾语 + $了_2$”。如：

我念了三遍课文了。

她学了一年汉语了。

这类句子的宾语也可放在数量补语前，但动词要重复使用，即“动词 + 宾语 + 动词 + $了_1$ + 数量补语 + $了_2$”的形式。如：

她学汉语学了一年了。

*她学汉语一年了。

4.“形容词+了”。可用来肯定已经发生的某种情况；也可表示变化发生后出现了新情况，或将要出现新情况。如：

这次考试太难了！

秋天到了，枫树的叶子都红了。

一年没见，刘小欢更胖了！

母亲年纪大了，眼睛也花了。

只肯定某种情况，不表示变化时，可用“太/可+形容词+了”，含有感叹意味。强调变化完成并出现新情况时，常用“更/又/也/越来越+形容词+了”；表示将要出现新情况或新的变化时，用“要/快要+形容词+了”。

5.“名词/数量短语+了”。表示时间、季节、年龄、数量的变化情况。如：

春天了，很多花都开了。（已经是春天了）

12点了，该吃午饭了。（已经到12点了）

五瓶了，你还要喝多少啊？（已经喝了五瓶了）

三天了，他一直没查到他需要的资料。（已经查了三天了）

30岁了，怎么还不成家呢？（已经有30岁了）

这类用语气助词“了”的句子多出现于口语，大多提醒人注意时间、季节、年龄、数量上已经出现的变化（句子多隐含着某个动词，见括号内的备注），后面往往还有句子补充说明说话人的观点或客观存在的事实。

练一练

一、选择适当的语气助词（了、吗、啊、呢）填空。

1. 我们什么时候能见到他（　　）？
2. 大立和小立今年都上大学（　　）。
3. 病人终于醒（　　），医生松了一口气。
4. 外面下雨（　　），你有雨伞（　　）？
5. 他就是你们公司的王经理（　　）？
6. 同学们都到（　　），我们马上要上课（　　）。
7. 这种花儿好香（　　）！你闻到（　　）吗？
8. 好久不见（　　），我觉得你比以前更漂亮（　　）。

二、判断正误，并把错误的地方改正过来（正确：√；错误：×）。

1. 现在已经11点多，你该睡觉了。（　　）
2. 我好久没见妈妈了，我真想她！（　　）
3. 明天我要加班，不能送了你。（　　）
4. 你不要非常难过了。（　　）
5. 你快去快回吧，马上就要下雨了。（　　）
6. 他开车30年了，是个老司机。（　　）

7. 我已经通知他了，他一定会来开会的。（　　）

8. 我上个周末没有去上海。（　　）

三、完成下表中的句子，要求每句都要用上语气助词“了”。

	我和妹妹		看	朋友	
昨天		已经	学完		了。
刘胜利		就开始		足球	
	王老师	不能	参加		
	别				了。
		没		电影	
		就要		留学	
		该			

四、仿照例句造句，并用上所给的词语和语气助词“了”。

例句：早就 知道——→这件事我早就知道了。

1. 三年前　　开始——→
2. 已经　　学过——→
3. 快要　　毕业——→
4. 又　　迟到——→
5. 会　　开车——→
6. 一定　　看过——→
7. 可以　　休息——→
8. 能　　写汉字——→

五、HSK 仿真题：找出下面句子中有错误的一部分，并改正过来。

1. 我认识阿娜，她早就对中国感兴趣了，明年春天，她快要去中国学汉语了。
　　A　B　C　D

2. 高大山，去黄山旅行需要的东西 我们早准备好，你们呢？
　　A　B　C　D

3. 你看，足球比赛已经开始 20 分钟，比分还是 0:0，真紧张啊！
　　A　B　C　D

4. 我听说，他俩分手了，也就是说，她已经不是他的女朋友。
　　A　B　C　D

5. 快 9 点了，时间不早，为什么小李还没来公司呢？你去打个电话问问吧。
　　A　B　C　D

6. 他妈妈做的红烧鱼，好吃极，真想跟她学两手呢，也不知她愿不愿意教我。
　　A　B　C　D

7. 你今天感觉怎么样？好点儿吗？这种药是进口药，他们都说挺有效的。
A B C D

8. 你今天的工作都做完吗？晚上一起去看电影吧？听说是大片《无极》，还不错呢。
A B C D

参考答案

一、1. 呢/啊　　2. 了
3. 了　　4. 了；吗
5. 啊/吗　　6. 了；了
7. 啊/呢；了　　8. 了；了

二、1. ×，改为："现在已经11点多了，你该睡觉了。"
2. √
3. ×，改为："明天我要加班，不能送你了。"
4. ×，改为："你不要太难过了。"
5. √
6. ×，改为："他开车开了30年了，是个老司机。"
7. √
8. √

三、

上个周末	我和妹妹	去上海	看	朋友	了。
昨天	我们	已经	学完	第一课	了。
刘胜利	从6岁起	就开始	踢	足球	了。
明天下午	王老师	不能	参加	我们的毕业典礼	了。
你下次	别	再	一边吃饭	一边说笑	了。
我们	好久	没	看	电影	了。
明年8月	他	就要	去美国	留学	了。
这件事	早	该	有个	说法	了。

四、1. 三年前他就开始学京剧了。　　2. 这个词我们已经学过了。
3. 快要毕业了，同学们都舍不得离开学校。　　4. 你怎么又迟到了？
5. 她终于学会开车了。　　6. 这部片子我以前一定在哪儿看过了。
7. 终于考完了，可以好好休息一下了。　　8. 他学习汉语很努力，一个学期就能写很多汉字了。

五、1. D，改为"她就要去中国学汉语了"　　2. C，改为"我们早准备好了"
3. B，改为"足球比赛已经开始20分钟了"　　4. D，改为"她已经不是他的女朋友了"
5. B，改为"时间不早了"　　6. B，改为"好吃极了"
7. B，改为"好点儿了吗"　　8. A，改为"你今天的工作都做完了吗"

第二课　呢$_1$(2)　吧

试一试

选择"呢"或"吧"填空。

1. 周末咱们去上海(　　),还是去南京(　　)?
2. 你还是买这件黑色的衬衫(　　)。
3. 我今天下午还有课(　　),怎么能跟你一起去逛街(　　)?
4. 你这么高,你哥哥一定也很高(　　)?
5. 快来看,这里的梅花才多(　　),可漂亮(　　)!
6. 大山叫我参加他的生日晚会,我不去(　　),不太好;去(　　),又没准备礼物。

呢$_1$

讲一讲

语气助词"呢"(ne)的使用范围很广,第一单元第四课已讲了它在疑问句中的用法(如上面"试一试"中例1)。本课主要讲用在陈述句中的"呢"。主要有以下几种情况:

一、用在陈述句句末

"呢"用在陈述句末尾,表示确认、肯定事实,有时含有强调或夸张的语气。其基本结构是"(还/才)+动/形+(其他)+呢"。如:

小李的英语流利得很呢!
老张说经理明天下午才回来呢!
最近,她每天早出晚归,忙得很呢!
我今天下午还有课呢,怎么能跟你一起去逛街呢?
快来看,这里的梅花才多呢,可漂亮呢!

上面例句句末的"呢"不能换成"了"。如:

他的汉语才好呢!	他的汉语还不错呢!	他的汉语好得很呢!
*他的汉语才好了!	*他的汉语还不错了!	*他的汉语好得很了!

二、用在句中停顿处

“呢”用在句中停顿处(多是表示列举或对举的句子),有缓和语气的作用。其基本形式是“A 呢,……;B 呢,……”。如:

我去北京,一来呢,是想逛逛故宫、王府井;二来呢,也可以看看老朋友。

他学汉语有两个原因:第一呢,是自己对汉语有兴趣;第二呢,是为了让父母高兴。

“呢”用在句中停顿处,具体可分下面四种情况:

1. 用在话题主语后,以引起对方注意。如:

她呢,爱唱歌;她姐姐呢,爱运动。

大明呢,身体好,我很放心;小明呢,常生病,我怎么能放心呢?

你先回家吧,我呢,还要在这儿等一个人。

2. 用于假设条件句前一分句后,表示停顿,后面要接表示看法、主张或决定的句子。如:

他如果能来呢,最好;如果不能来呢,我们就去看他。

你要是喜欢呢,就买下来;要是不喜欢呢,就别买。

明天你休息呢,我就去你家;你不休息呢,我就不去你家。

3. 用在“其实”“实际上”等词语后,表示停顿,后接说明事实的句子,有时略含转折语气。如:

他说他喜欢计算机专业,其实呢,他喜欢打游戏!

小林说他听懂了,实际上呢,他并没听懂。

本来呢,我是不想去的;后来他再三请我,我才去的。

4. 用于劝慰的句子,多与否定或反问句式连用。如:

我跟你开玩笑呢,你别当真!

你管她说什么呢! 只要你自己喜欢就行。

你听他的呢,他什么时候请过客?

提 示

(1) 语气助词“呢”多出现在口语中,使用较灵活,不管是名词、代词,还是动词、形容词,甚至副词、短语等,后面都可跟“呢”;另外,“呢”也可用在表假设、让步的小句末尾。

(2) 用在陈述句末尾的“呢”有时含有夸张的语气,动词或形容词前常出现“可”“还”“才”等副词。另外,动词、形容词后也可带宾语或补语。

(3) “呢”用于假设句末尾时,可不对举,只用在假设复句的前一分句句末,另外,表假设的词语可以不出现。如:

他不能来呢,我就抽空去看他。

你喜欢吃呢,就多吃一些。

除了上述两种用法以外,“呢”还有下列用法:

一是用于“没 + 动”的否定句末,提示听话人注意某个动作到说话时还没实现。常见结构是“还 + 没 ……呢”。如:

我还没吃晚饭呢。

他到现在还没起床呢。

我还没见过大熊猫呢。

二是用于口语中,在含有轻视、讽刺语气的句子末尾或停顿处,前后常有说明事实的句子作为理由。常见的结构形式是"还(是/动词)……呢"。如:

还大学生呢,连这个汉字都念错了!

你还是当妈妈的呢,怎么能不会做饭?

就你这样的身体,那么瘦弱,还想当运动员呢!

还说不爱玩儿游戏呢,一次就玩儿了两个小时!

提示

(1) 在"还没……呢"句式中,"呢"表示到说话时,某动作还没实现,但这一动作是说话人认为应该已完成或实现的。如:

都9点多了,她还没起床呢。(应该起床了)

如果句子不带说话人认为应该完成或实现的主观看法,只说明某个客观事实,句中的"呢"可省略,但不能换用语气助词"了"。如:

现在才7点,银行还没开门(呢)。

*现在才7点,银行还没开门了。

(2) 当谓语是"认识、知道、了解"等认知类动词或动词前面有助动词"能、会"时,一般用"还不……呢"这一否定句式。如:

我还不认识他呢。	我还没认识他呢。
他还不会开车呢。	他还没会开车呢。
他的脚受伤了,还不能走路呢。	*他的脚受伤了,还没能走路呢。

练一练

一、HSK仿真题:把语气助词"呢"放在适当的位置上。

1. 别看A他是个B孩子,去过C的地方还不少D。
2. 你不想A去,就在家里B;想去C,就快点儿D换衣服。
3. 妈妈总是A说B不累,其实C,D她累得很。
4. 他A3岁B就认识很多字了C,可聪明D。
5. 对不起A,晚上我不能陪你B,我还有个C约会D。
6. 你A还不好意思B,其实你C做得D很好。
7. 我觉得A张小红才轻松B! 比赛时她一点C也不D紧张。
8. 你相信他的话A! 他什么B时候C说过D真话?

二、判断正误,并把有错误的地方改正过来(正确:√;错误:×)。

1. 这课的生词太多呢!(　　)
2. 小张这几天高兴得很呢。(　　)
3. 老师说了他两句,小家伙不太开心呢。(　　)
4. 你还年轻了,今后的路长着呢。(　　)
5. 我还没跟那个网友见过面了。(　　)

6. 他的舞跳得才棒了！（　　）

7. 你看，她的发型多漂亮啊！（　　）

8. 老师呢，教得努力；学生呢，学得用功，难怪他们班是全年级最好的了。（　　）

三、用（　　）中的词语和语气助词"呢"完成对话。

1. A：这是什么花，怎么春天不开花呀？

   B：这是菊花，到了秋天____________。（才；开）

2. A：小强认识的汉字多不多？

   B：________________！有上千个了！（真；不少）

3. A：我请过他了，但是他说没有时间。

   B：他老说没空，________________。（实际上；不想去）

4. A：小刚怎么到现在还不回来？

   B：__________________，他又不是3岁的小孩。（担心）

5. A：听说他脾气很好，是吗？

   B：是啊，这么多年来，______________。（看见；发过火）

6. A：这个周末有什么打算？

   B：____________；____________，总之要好好运动一下。（天气；爬山；健身中心）

参考答案

一、1. D　2. C　3. C　4. D　5. D　6. B　7. B　8. A

二、1. ×，改为："这课的生词太多了！"或者："这课的生词还多呢！"

2. √

3. √

4. ×，改为："你还年轻呢，今后的路长着呢。"

5. ×，改为："我还没跟那个网友见过面呢。"

6. ×，改为："他的舞跳得才棒呢！"或者："他的舞跳得可棒了！"

7. √

8. √

三、1. 才会开呢

2. 他认识的汉字真不少呢

3. 实际上呢，是不想去罢了

4. 你还为他担心呢

5. 我还没看见他发过火呢

6. 天气好呢就去爬山；下雨呢就去健身中心锻炼身体

吧

讲一讲

语气助词“吧”(ba)的用法主要有下面三种：

一、用于祈使句句末

“吧”用于祈使句句末，表示催促、建议、请求或命令、劝阻等，有缓和语气的作用，其常见结构是“祈使句＋吧”。如：

你快去吧！

我们去吃饭吧！

请你帮帮我们吧！

你自己好好儿想想吧！

这里，“吧”也可不用，但命令语气变强或显得生硬。

有时用于使用疑问代词的陈述句末，仍是表示催促的祈使句。如：

你就说他什么时候能到苏州吧！

告诉我们到底是怎么一回事儿吧！

表提出看法或建议时，可在动词前用副词“还是”，构成“还是……吧”，表示选择后的建议。如：

我们还是先吃饭吧。

你还是马上回家吧。

你还是买这件黑色的衬衫吧。

二、用于疑问句句末

“吧”用于疑问句句末，表示推测、估计的语气，其常见结构是“大概/也许/可能/一定/好像……吧”。如：

你最近身体好吧？

这座大桥好像是新的吧？

妈妈也许已经回家了吧？

现在大概10:30了吧？

你这么高，你哥哥一定也很高吧？

“吧”一般不能省略，否则语气有变。

句中常出现“大概”“可能”“也许”等表示揣测的副词，并且，用了这些副词后，句末只能用“吧”，下面句子中的“吧”如改成“吗”就是错的：

你大概有20岁了吧？　　＊你大概有20岁了吗？

他也许认识你吧？　　＊他也许认识你吗？

三、用于陈述句句中停顿处

“吧”用于陈述句句中的停顿处，使语气缓和、委婉，又有几种具体情况：

1．用在主语或话题后，说明理由，并提请听话人注意。常用于对举的句子里。如：

你吧，最喜欢吃鱼；她吧，最不喜欢吃鱼，你们姐妹俩在吃的方面差别太大了！

喝绿茶吧，对身体好；喝咖啡吧，可以提精神，所以我都喜欢。

2．用于交替的假设小句后，增强说话人犹豫、为难的语气。如：

朋友让我吃臭豆腐，不吃吧，怕朋友生气；吃吧，自己又真的不喜欢。

这件衣服还挺新的，扔了吧，有点儿可惜；不扔吧，又不想穿，因为颜色太鲜艳了。

大山叫我参加他的生日晚会，我不去吧，不太好；去吧，又没准备礼物。

3．用于让步复句第一分句句末，可加强让步语气。常用“即使……吧，也……”或“就算……吧，也……”句式。如：

即使没时间来吧，他也该提前打个电话。

就算孩子不对吧，你也不该打他。

4．用于口语中表示举例的“（就）拿……来说”“比如……”句式末，表示停顿。如：

我们班的学生都很认真，就拿张英子来说吧，她每天晚上都要花4个小时复习和预习。

四川人大概都爱吃火锅，比如小李吧，他是成都人，他一个星期至少吃一次火锅。

5．表示不反对，或有无所谓、不在乎的态度，常用“A就A吧”。如：

80就80吧，这顶帽子我要了。

他想去就去吧，反正车子里还有空位子。

一本杂志，丢了就丢了吧，不用还我了。

6．用在“好”“行”“就这样”等词语后，表示同意或应答的语气。如：

那好吧，我明天一早就去买飞机票。

就这么办吧，我没意见。

就先这样吧，如果有新问题，我们再商量。

提示

“呢”和“吧”的异同

(1) 相同点：

① “呢”和“吧”都可用在陈述句和疑问句中。

② “呢”和“吧”都可用于对举句子的主语或话题后、交替假设的小句后，如上文所列(1)、(2)两种用法。

(2) 不同点：

① “呢”可用于多种疑问句式中，包括特指问、正反问、选择问、反问句等；“吧”只用于表示推测、估计语气的问句句末。

② “呢”可用于表肯定、确认语气的陈述句句末，构成“还/才……呢”句式；“吧”不可。

③ “呢”可用于含轻视的“还……呢”句式；“吧”不可。

④ “呢”可用于假设复句的前一分句，表示停顿；“吧”不可。

⑤ “吧”可用于祈使句句末；“呢”不可。

⑥ “吧”用于陈述句中的3～6用法；“呢”没有。

⑦“呢”“吧”都可用于“还没……呢/吧”句式,但表达的意思和语气不同,用“呢”表示动作该实现但还没实现,没有推测语气;用“吧”含推测语气的疑问。

练一练

一、HSK 仿真题:把语气助词“吧”放在适当的位置上。

1. 这位 A 就是 B 新来的 C 总经理 D?
2. 他 A 是我们的 B 英语老师,我 C 想,你一定还记得他 D?
3. 您快去 A 看看 B,您的女儿 C 在门口 D 等您呢。
4. 还是 A 你先去 B,我手里 C 的工作还没做 D 完呢。
5. 下雨有什么关系呢? 下 A 就下 B,反正 C 我带雨伞了 D。
6. 你想哭就哭 A,不过,事情已经 B 这样 C 了,哭也没用 D。
7. 我们 A 都很喜欢 B 音乐,比方说我 C,就爱听古典音乐 D。
8. 就这么 A 办 B,你去 C 买车票,我来 D 收拾行李。

二、选择语气助词“呢”或“吧”填空。

1. 你说她小(　　),她已经 15 岁了;你说她大(　　),可她还是个孩子。
2. 您如果觉得这件不合适(　　),我就给您换一件。
3. 你一定饿坏了(　　),快吃(　　),热着(　　)。
4. 大胆试试(　　),即使出点错(　　),也没关系。
5. 本来(　　)我是不打算麻烦你的,既然现在你已经知道了,那么就帮我想想办法(　　)。
6. 这支口红的颜色太深了(　　)?
7. 他才不是我男朋友(　　),我男朋友比他帅(shuài)多了。
8. 快去快回(　　),还有许多事情等着你做(　　)。

三、HSK 仿真题:在下面的 ABCD 中选择唯一恰当的答案。

1. 我看,你就这么办______,应该没什么问题。

A. 吗　　B. 呢　　C. 吧　　D. 的

2. 一副眼镜,坏了______坏了吧,明天我再给你配(pèi)一副。

A. 就　　B. 也　　C. 还　　D. 可

3. 你赶快给他打个电话,他大概______不知道呢!

A. 才　　B. 还　　C. 再　　D. 可

4. 他们都对中国文化挺感兴趣的,就拿比利______吧,他就很喜欢京剧和中国画。

A. 来说　　B. 比如　　C. 比方　　D. 例如

5. ______你连我的声音也听不出来吗?

A. 大概　　B. 难道　　C. 也许　　D. 可能

6. 请代我向你的父母问好______。

A. 吧　　B. 呢　　C. 吗　　D. 了

7. 他是我爸爸的同事,只比我大几岁,叫他叔叔______,他那么年轻;叫他哥哥______,又怕不够尊重。

A. 吧;吧　　B. 呢;的　　C. 了;吧　　D. 了;呢

8. 你就告诉我，你到底想不想去广州______。

A. 呢　　B. 吧　　C. 吗　　D. 的

四、判断正误，并把有错误的地方改正过来（正确：√；错误：×）。

1. 这次大家考得都不错吧，比如小林，就比上次高了 10 多分。（　　）

2. 他还是个老师呢，普通话说得一点也不好！（　　）

3. 过生日的时候，他收到了很多礼物，他可高兴吧！（　　）

4. 看样子，今天大概要下雨吧？（　　）

5. 也许要等到下周三才能知道成绩吗？（　　）

6. 买这辆小汽车要花好多钱吧？（　　）

7. 请你给大家介绍一下她是谁吧。（　　）

8. 这台电视机用了 10 年了，坏就坏了呢，反正也该换新的了。（　　）

五、用所给的词以及语气助词“吧”或“呢”完成对话。

1. A：你怎么又买肥皂（féizào）了？______________。（没用完）
   B：______________，反正以后用得着的。（买就买）

2. A：这就是我想到的办法，______________？（怎么样）
   B：我也觉得你这个办法不错，咱们______________。（就这样）

3. A：这件事情你怎么拖到现在______________？（还没）
   B：________，太忙，没时间做；________，太累，又做不动。（白天；晚上）

4. A：______________，别再睡了。（起来）
   B：______________，才 7 点多。（早）

5. A：这件衬衫你不喜欢就扔掉算了。
   B：______________，我也不能扔掉，那太浪费了！（就算）

6. A：你的歌儿唱得不错，还是______________？（参加）
   B：那好吧，既然您也希望我参加，______________。（试试）

参考答案

一、1. D　2. D　3. B　4. B　5. B　6. A　7. C　8. B

二、1. 吧/呢；吧/呢　　2. 呢
3. 吧；吧；呢　　4. 吧；吧
5. 呢；吧　　6. 吧
7. 呢　　8. 吧；呢

三、1. C　2. A　3. B　4. A　5. B　6. A　7. A　8. B

四、1. ×，“吧”改为“呢”　　2. √
3. ×，“吧”改为“呢”　　4. √
5. ×，“吗”改为“吧”　　6. √
7. √　　8. ×，“呢”改为“吧”

五、1. 家里的还没用完呢；买就买了吧　　2. 你们觉得怎么样呢；就这样办吧
3. 还没做完呢；白天吧/呢；晚上吧/呢　　4. 快起来吧；早着呢
5. 就算不喜欢吧　　6. 参加唱歌比赛吧；我就试试吧

第三课 的$_1$(2)

试一试

请看下面的句子中什么地方可以加上“的”？

1. 你喜欢吃甜吗？
2. 小明买在这里呢。
3. 吃饭时候，别说话。
4. 这本书是我，不是你。
5. 吃、喝都准备好了。
6. 这些桌子都是木头吗？
7. 花园里的花都开了，有红、黄、白的，非常漂亮。
8. 下课了，同学们有在聊天儿，有在休息。

讲一讲

我们在第一单元第一课讲了结构助词“的$_1$”的第一种用法，即可以连接定语和中心语，如上面“试一试”中的例3，应是“吃饭的时候”。本课讲“的$_1$”的另外两种用法。

一、“的”字结构

结构助词“的”常与名词、代词、动词、形容词、动词短语、主谓短语等组成“的”字结构，成为名词性短语，在句子中主要充当主语或宾语。常见的结构形式是“名词/代词/动词/形容词/短语＋的”。

具体用法请看下表(划线部分都是各种“的”字结构)：

形式	句中成分	例句
名词/代词＋的	主语	我看了你们的作业，张小明的最好，你的也不错。
	宾语	这些桌子都是木头的吗？/我喜欢这样的。 这本书是我的，不是你的。
动词/形容词＋的	主语	吃的、喝的都准备好了。
		今年的西瓜很好，大的、小的都很甜。
	宾语	我要买一点儿吃的。
		花园里的花都开了，有红的、黄的、白的，非常漂亮。 你喜欢吃甜的吗？

续表

形 式	句中成分	例 句
各种短语+的	主语	学汉语的都来了。
		短头发的是小张,不是小李。
		五公斤一袋(dài)的大米没有了,十公斤的还有三袋。
		我是从英国来的,从美国来的是大卫。
		小明买的在这里呢。
	宾语	这是她最爱吃的菜,不是我最爱吃的。
		我女儿是那个穿运动衣的,不是穿裙子的。
		你要大西瓜还是小西瓜?我要一个10斤左右的。
		这本是关于历史的书,那本才是关于文学的。

1. “的”字结构中的“的”必不可少。

2. “的”字结构所指的人或事必须是上文提到或不需指明听话人也能清楚的,否则,不能让人明白其意。如下面两组句子:

A组:她的自行车是蓝的,我的是红的。

*我的是红的。

B组:老人说现在的生活很好,吃的、穿的、用的,什么都不少。

吃的、穿的、用的,什么都不少。

A组后一句只用“我的是红的。”“我的”所指不明,不清楚是自行车还是衣服等其他事物,所以是错的。但B组后一句,没有语境,也可让人明白“吃的、穿的、用的”都是与生活相关的东西,所以是对的。

3. “的”字结构多指代具体的人或事物,不指抽象的事物。如:

我妈妈的眼睛很大,我的不太大。

*三木的态度很认真,你的不认真。(改为:三木的态度很认真,你的态度不认真。)

4. “的”字结构一般主要用于指别、限制的,不用于描写,所以一些描写性的结构形式“形容词+的”不算作“的”字结构。如:她的眼睛大大的、黑黑的。句中“大大的、黑黑的”不作“的”字结构用。

5. “的”字结构常用在“是”字句中(请参考《句型与句式》分册的相关内容)。另外“的”还常用于口语句式中,表示强调原因、条件或列举等,请参见本册第二单元第三课的相关内容。

二、表示列举

“的”表示列举时,一般用于描写或说明。常用以下几种句式:

1. “(像)……什么的”。如:

书包里有些书啊、本子、文具什么的。

小王很能干,像包饺子、做蛋糕什么的,她都会。

年轻人出去旅行,数码相机、录像机(什么)的,总要带上一个。

2. “有……的,有……的”“有的……,有的……”。如:

现在这个季节，穿什么的都有：有穿棉背心的，有穿毛衣的，也有穿衬衫的。

我发现西方人的头发有很多种颜色，有浅黄色的，有咖啡色的，也有黑色的。

这几个孩子都有自己的爱好，有的爱画画儿，有的爱唱歌，有的爱运动。

下课了，同学们有的在聊天儿，有的在休息。

这里“有的”也作指示代词，指人或事物中的一部分，常连用，有列举作用。如：

有的人喜欢唱歌，有的人喜欢游泳。

除了以上两种常见结构形式外，还有一些常见的“的”字结构。如：

那家百货店的衣服很多，冬天的、夏天的；大人的，孩子的，样样都有。

吃的、喝的，都在冰箱里了，想要什么自己拿吧。

听说你什么东西都吃过，天上飞的、水里游的、地上跑的，你都吃过？

昨天打扫教室时，同学们扫地的扫地，擦窗子的擦窗子，一会儿就打扫好了。

用于列举的“的”有对列举内容加以周遍性概括的作用，多出现在口语中。

用于表列举时，“的”与“等”的区别，请参考本册第三单元第七课。

练一练

一、HSK 仿真题：把助词“的”放在适当的位置上。

1. 我哥哥 A 会开 B 汽车，但他不是 C 开出租汽车 D。
2. 我觉得这几种 A 毛衣 B 都不错，那件白 C 最好 D。
3. 他喜欢 A 音乐，所以他的朋友 B 也都是 C 喜欢音乐 D。
4. 你 A 买的这些 B 衣服 C 都是全棉 D 吗？
5. 不管黑 A 猫白 B 猫，能抓老鼠 C 就是好 D 猫。
6. 想 A 去 B 苏州乐园 C 到班长那儿 D 报名。
7. 她 A 关心 B 不是钱多钱少，而是能不能 C 提高汉语 D 水平。
8. 我要 A 两瓶 B“青岛”C 啤酒，要冰 D。

二、判断正误，并把有错误的地方改正过来（正确：√；错误：×）。

1. 昨天买可口可乐都在冰箱里。（ ）
2. 我们俩都买手机了，不过，他买的是黑色的，我买的是红色的。（ ）
3. 这些天老下雨，洗的衣服总也干不了，我快没有换的了。（ ）
4. 他俩是双胞胎，鼻子上有痣(zhì)是老大，没痣是老二。（ ）
5. 楼上那个卖运动鞋的是小王的姐姐。（ ）
6. 请如实记下你一路上看到、听到，这些都是宝贵的资料。（ ）
7. 十块钱三袋的已经卖完了，这里只有五块钱一袋的了。（ ）
8. 这些珍珠都是天然的，小很便宜，大就贵多了。（ ）

三、用“的”字结构填空。

1. 那里的冬天不冷，你要多带些春天、夏天穿的衣服，不要多带________________。
2. 你把书房整理一下吧，有用的东西都留着，________________都扔掉吧。
3. 今天的报纸还没到呢，这些都是________________________。

4. 昨天我和玛丽一起去买旗袍了，我买的是__________，__________。
5. 王太太很喜欢项链(xiàngliàn)，她的项链，____________________，样样都有。
6. 这次考试大家都考得不错，丁丽的分数最高，____________________________。
7. 下课以后，同学们____。
8. 这家服装店的衣服尺码(chǐmǎ)齐全，______________________________都有。

四、用"的"字结构完成对话。

1. A：妈妈，这个包里是什么？
   B：是饼干、面包、巧克力，都是你____________。
2. A：作业你都做了吗？
   B：____________________都做了，______________________还没做。
3. A：这些杂志你要不要带上？
   B：不要带了，________________________都已经放到旅行包里了。
4. A：最近有什么新片子没有？
   B：有是有，但是没什么________________。
5. A：你认识她男朋友吗？
   B：不认识，听说好像是搞________________。
6. A：你很喜欢看小说，是吗？
   B：当然，______________________________，我都喜欢看！
7. A：我爱吃蔬菜、水果，他呢？
   B：他很爱吃肉，每次吃饭，猪肉、牛肉、鸡肉_____________，他都爱吃。
8. A：你要哪种质地的裙子？_________________还是_______________？
   B：只要凉快，哪种都行。

参考答案

一、1. D　2. C　3. D　4. D　5. C　6. C　7. B　8. D

二、1. ×，改为："昨天买的可口可乐都在冰箱里。"
2. √
3. √
4. ×，改为："他俩是双胞胎，鼻子上有痣的是老大，没痣的是老二。"
5. √
6. ×，改为："请如实记下你一路上看到的、听到的，这些都是宝贵的资料。"
7. √
8. ×，改为："这些珍珠都是天然的，小的很便宜，大的就贵多了。"

三、1. 冬天穿的　　2. 没用的
3. 昨天的　　4. 红的，她买的是蓝的
5. 金的、银的、玉的　　6. 李力的最低
7. 有的在聊天，有的在看报，也有的在打电话　　8. 大号的、中号的、小号的

四、1. 爱吃的　　2. 昨天的；今天的
3. 报纸、杂志什么的　　4. 好看的
5. 流行音乐的　　6. 古典的、现代的
7. 什么的　　8. 真丝的；全棉的

第四课 得(2)

试一试

请在下列句中需要的地方加上“得”。

1. 今天是儿童节，孩子们玩儿开心极了！
2. 在国外留学，好长时间看不到父母，真想慌！
3. 这几天晚上睡得不好，白天困不行。
4. 马上就要比赛了，她紧张汗都出来了。
5. 今天早上我们爬山爬腰酸腿疼。
6. 学期要结束了，事情特别多，忙死了。

讲一讲

结构助词“得”除了第一单元第三课讲的用法以外，还可以用在带有其他形式的程度补语、可能补语和情态补语的句子中。

一、“得”与程度补语

这里有两种程度补语要用“得”：

1. “动词/形容词＋得＋形容词＋极了/死了/坏了等”。

在“得(1)”一课，我们讲过在形容词后的“极了”“死了”“坏了”“透了”这样的程度补语不能用“得”，如上面“试一试”中的例6。但如果在它们之前再出现一个动词，则必须用“得”。如：

他病了，头疼得厉害极了！

这次我考试考得糟糕透了！

小刚不听话，把他妈妈气得伤心死了！

今天是儿童节，孩子们玩儿得开心极了！

2. “动词/形容词＋得＋慌/不行等”。如：

人是铁，饭是钢，一顿不吃饿得慌。

在国外留学，好长时间看不到父母，真想得慌！

她退休了，在家闲得难受，所以参加了老年歌舞队。

这几天晚上睡得不好，白天困得不行。

“动词/形容词＋得＋慌/难受”一般只用于肯定形式，强调程度之高；“动词/形容词＋得＋不行”只有否定形式，表示“不得了”的意思，同样强调程度高。如下面每组例句中后一句是错的：

累得慌	＊累得不慌
热得难受	＊热得不难受
急得不行	＊急得行
气得不行	＊气得行

二、"得"与情态补语

这里的情态补语是指动词、形容词后表示程度、描写或评价一类的补语，一般都要用助词"得"。常见的情态补语用"得"的结构形式是"形容词/动词＋得＋短语/小句"。如：

听到这个好消息，同学们都高兴得跳了起来。（动词短语）

马上就要比赛了，她紧张得汗都出来了。（主谓词语）

这个菜太辣了，辣得我眼泪直流。（小句）

今天早上我们爬山爬得腰酸腿疼。（固定短语）

由于这类补语与程度补语形式基本一样，所以有时被归入程度补语。本课仍按《语法大纲》把它单独划为一类补语。

练一练

一、HSK 仿真题：把助词"得"放在适当的位置上。

1. 我最 A 喜欢 B 听 C 刘老师的课，他的课讲 D 好极了。
2. 半年多 A 没有见到 B 父母了，我真想 C 慌 D。
3. 接二连三的坏消息 A 把她的心情 B 搞 C 糟 D 透了。
4. 她昨晚一夜 A 没回 B 来，妈妈担心 C 不行 D。
5. 他的字 A 写 B 这么潦草(liáocǎo)，谁也看 C 不懂 D。
6. 昨天下午她正看 A 书时，突然一声巨响 B，吓 C 她脸都变白了 D。

二、HSK 仿真题：在下面的 ABCD 中选择唯一恰当的答案。

1. 雨下得很大，不一会儿，我们的衣服就被淋得______。
A. 湿　B. 透　C. 湿透了　D. 湿不透
2. 春节就要到了，这几天火车上一定______！
A. 挤得　B. 不挤得　C. 挤得不行　D. 挤得行
3. 新来的张经理从来不笑，严厉得______！
A. 好　B. 不行　C. 行　D. 死了
4. 没想到北京的夏天也这么热，这几天______我只想在空调房间里呆着。
A. 热得　B. 热　C. 热很　D. 很热得
5. 我好心帮她，可她却生气地拒绝了，真让人心里堵得______。
A. 慌　B. 极了　C. 死了　D. 行
6. 最近公司的事儿太多了，连周末都没法休息，把他给______饭也吃不下。
A. 疼得　B. 累得　C. 闲得　D. 空得

三、把Ⅰ、Ⅱ两组正确搭配起来。

Ⅰ组

1. 这件事是他负责的
2. 我觉得刘德华的歌
3. 孩子就是不听她的话
4. 才走了一会儿他就气喘吁吁的了
5. 明天要去面试了
6. 别再加菜啦
7. 他跟妈妈在法国住了五年
8. 张文特别喜欢旅游和拍照，每次他旅游回来

Ⅱ组

A. 唱得好听极了
B. 现在出了问题，他急得不行
C. 所以他的法语说得很流利
D. 他紧张得一夜没睡好
E. 照片多得没地方放
F. 看来是该多锻炼锻炼了
G. 她气得血压都高了
H. 我已经吃得快撑(chēng)死了

四、判断正误，并把有错误的地方改正过来(正确:√;错误:×)。

1. 那个孩子又瘦又小，让人看了就心疼得慌。(　　)
2. 他们俩是好朋友，感情很深，每天一起上课、打球，好得行。(　　)
3. 别人犯了错却要她来承担，她觉得自己委屈(wěiqū)得慌。(　　)
4. 他说有了电脑和网络，就会觉得闷得不慌。(　　)
5. 今天是她的生日，她和朋友们一起玩儿开心死了。(　　)
6. 你这么客气，弄得我都不好意思了。(　　)

五、用(　　)中的词语和助词"得"完成句子。

1. 昨天下午我们一连爬了三座山，____________________！(累;不行)
2. 小云说她这两天打字____________________。(手指;酸痛)
3. 今天她穿了双高跟鞋逛街，____________________。(痛;死了)
4. 大灰狼的故事____________________。(吓;哭)
5. 找工作的事儿一直没有眉目，____________________。(愁;吃不下饭)
6. 今天的气温高达39度，____________________。(热;汗)
7. 巧克力、奶油蛋糕什么的____________________。(吃;越来越)
8. 王平昨天晚上加班了，一夜没睡，现在____________________。(困;眼睛)

参考答案

一、1. D　2. C　3. C　4. C　5. B　6. C

二、1. C　2. C　3. B　4. A　5. A　6. B

三、1. B　2. A　3. G　4. F　5. D　6. H　7. C　8. E

四、1. √

2. ×，改为："他们俩是好朋友，感情很深，每天一起上课、打球，好得不行。"

3. √

4. ×，改为："他说有了电脑和网络，就不会觉得闷得慌。"

5. ×，改为："今天是她的生日，她和朋友们一起玩儿得开心死了。"

6. √

五、1. 大家都累得不行　　2. 打得手指酸痛

3. 脚走得痛死了　　4. 吓得孩子直哭

5. 他愁得吃不下饭　　6. 我热得满头大汗

7. 吃得她越来越胖了　　8. 困得眼睛都睁不开了

第五课 的₁/地/得（辨析）

试一试

在"的""地""得"中选择合适的填在下面的（　　）中。

1. 大卫紧张（　　）话也说不出来。
2. 我们学校有来自几十个国家（　　）留学生2000多人。
3. 玛丽每天都认真（　　）学习。
4. 她因为喝了不新鲜（　　）牛奶而拉肚子了。
5. 你再详细（　　）介绍介绍这个学校（　　）情况。
6. 马克在运动场上跑（　　）飞快。
7. 他（　　）病很重，得赶快送到附近（　　）医院去。

讲一讲

在第一单元的前三课和本单元的第三、第四课，我们已经讲了结构助词"的""地""得"的主要用法，它们前后会出现哪些词语，又有何联系或区别呢？本课就来辨析一下它们在用法上的异同，并讲一讲使用时需要注意的几点问题。

三个结构助词的比较如下表（"√"表示可以用；"×"表示不可以用）：

助　词		的	地	得
助词的位置		定语后	状语后	补语前
		中心语前	中心语前	中心语后
构成的基本结构		（定语）+的+中心语	［状语］+地+中心语	中心语+得+〈补语〉
助词前的词语	名词/代词	√	×	×
	动词	√	×	√
	形容词	√	√	√
	副词	×（极少用）	√	×
	各种短语	√	√	×
助词后的词语	名词	√	×	×
	动词	×	√	√
	形容词	×	√	√

续表

助词		的	地	得
助词后的词语	副词	×	×	√
	各种短语	×	√	√
其他用法		“的”字结构/表列举		动补短语
省略情况	一般不可省	动/各类短语＋的	重叠式或双音节形容词/短语＋地	程度补语 可能补语肯定式
	可省略	单音节形容词后/搭配固定短语之间	副词/时地名词/单音节形容词及固定词语后	可能补语否定式
注意问题		“的”还有语气助词的用法	“地”后动词可重叠、可带“着、了、过”	“得”前动词不可重叠、不可带“着、了、过”

1. “的”“地”“得”三个助词都可作为某种句子成分的标志，但在句中的位置不同，分别是在定语后、状语后和补语前。如：

我们学校有来自几十个国家的留学生2000多人。

他的病很重，得赶快送到附近的医院去。

她因为喝了不新鲜的牛奶而拉肚子了。

你再详细地介绍介绍这个学校的情况。

玛丽每天都认真地学习。

马克在运动场上跑得飞快。

大卫紧张得话也说不出来。

2. “的”后常跟名词；“地”后一般是动词或形容词；“得”后可以跟动词、形容词、副词及短语等，但“得”前一般只能是动词或形容词。

3. “的”还有“的”字结构及表列举等用法，“地”“得”没有这些用法；另外，“得”可与一些短语组成固定搭配的动补短语，如：“来得及/看得起/用得着/犯得上/划得来”等等（可参见本册第一、二单元的内容）。

4. “地”一般放在状语之后，状语一般是形容它后面的谓语动词将做或在做某个动作的态度、神情、速度、频率等，常和动作的过程有关；“得”一般放在谓语动词之后，补语之前，补语一般是对前面谓语动词所表示的动作的评价，动作常是已完成的或经常发生的。

玛丽每天都认真地学习。（“认真”客观说明“怎么学习”）

玛丽汉语学得很认真。（“认真”是对“学得怎么样”的主观评价）

大卫紧张地等待着。（“紧张”说明“等待”时持续的心情）

大卫紧张得话也说不出来。（“话也说不出来”补充说明“紧张”达到的程度）

“地”前可以是表示动量的短语，“地”后的动词可重叠、可带“着/了/过”。这些都跟“地”前的状语是“形容动作的过程”这一特点有关。而这些都是带补语的“得”所在句所没有的特点。请看下面的句子：

A组	B组
你再仔细地看看这篇文章。	* 他看看得很仔细。
我一遍又一遍地检查着试卷。	* 试卷我检查得一遍又一遍。
他十分自信地参加了比赛。	* 她在比赛中表现了得非常自信。
小张曾经热情地帮助过我。	* 写好论文后我检查过得很仔细。
大家认真地听着他的介绍。	* 他的介绍大家听着得很认真。

练一练

一、HSK 仿真题：把(　　)的词语放在适当的位置上。

1. 他辛辛苦苦 A 工作 B 了一年，也该休息 C 几天 D 了。(地)
2. 我刚才在路上看见了小雨 A 公司 B 总 C 经理王丰年 D 先生。(的)
3. 她在面试中表现 A 大方 B、得体 C，还很自信 D，难怪最后被录用了。(得)
4. 妈妈到广州一看 A，女儿身体 B 很好，工作 C 也不错，他们就放心 D 回去了。(地)
5. 科技 A 发展得很快，现在普通 B 家用 C 电器 D 都很便宜了。(的)
6. 小姑娘有点怕生人 A，说起话来 B 声音小 C 像蚊子叫 D。(得)

二、选择结构助词"的、地、得"填空。

1. 好朋友明天就要来了，小林激动______一夜没睡。
2. 票是 9:10 ______，还有两个小时呢，我们不用现在就急急忙忙______赶到火车站。
3. 右边______大都是食品店，你要买吃______，就去右边儿吧。
4. 大卫说站在大家面前演讲时，他紧张______心都要跳出来了。
5. 她的愿望就是自己______病快点儿好起来，给儿子开开心心______过一个生日。
6. 看着丢失______护照和钱包又找回来了，玛丽高兴______流下了眼泪，她一遍又一遍______对警察说："谢谢！谢谢你们！"

三、判断正误，并把有错误的地方改正过来(正确：√；错误：×)。

1. 小文是个小说迷，她总是一本接着一本看小说。(　　)
2. 在如此美丽的大自然之中，他快乐得心都飞了起来。(　　)
3. 昨天晚上我们休息休息得非常好。(　　)
4. 今天我用汉语给中国朋友打了电话，老师夸我汉语说得越来越好了。(　　)
5. 以前她也听不懂英语新闻，后来她一遍一遍地仔细听，慢慢地就能听懂了。(　　)
6. 王华的腿受伤了，不能走路了，可她每天练习走路，练得一次一次，坚持了三个月，现在终于能走了。(　　)

参考答案

一、1. A　2. B　3. A　4. D　5. B　6. C

二、1. 得　2. 的；地　3. 的；的　4. 得　5. 的；地　6. 的；得；地

三、1. ×，改为："小文是个小说迷，她总是一本接着一本地看小说。"

2. √

3. ×，改为："昨天晚上我们休息得非常好。"

4. √

5. √

6. ×，改为："王华的腿受伤了，不能走路了，可她每天练习走路，一次一次地练，坚持了三个月，现在终于能走了。"

第六课 了$_1$(2)

试一试

用合适的动词和动态助词“了”完成下列句子。

1. 那个地方她__________就不想去了。
2. 他刚____________又请假了。
3. 为了学习汉语,我们______中国。
4. 明天你们______再去看朋友吧。
5. 这盒音乐磁带很不错,我____________,接着又听了一遍。
6. 在警察的帮助下,我才____________丢失的护照。

讲一讲

在第一单元第六课我们讲了动态助词“了”在独立小句中的主要用法,本课讲它在非独立小句中的用法,即有后续小句时,动态助词“了”一般用在前一动词后;如果前面有状语或小句表示原因或目的等,后面是主句,表示出现的结果,这时,“了”要用在后句的动词后。基本用法如下:

1. “动词$_1$ + 了 + 宾语 + 就/接着/又/再/才 + 动词$_2$ + (其他)”。

表示前一动作完成后紧接着发生新的动作;或前一动作的完成是后一动作的条件。如:

我们下了课就回家。

明天你们到了上海再去看朋友吧。

刚吃了饭你又饿了?

这盒音乐磁带很不错,我听了一遍,接着又听了一遍。

我问了三个人才找到(了)火车站。

在这类句子中,动词$_2$ 前往往有“就”“再”“又”“才”等副词。动词$_1$ 可以是已经完成的(如后三例),也可以是还没完成的(如前两例)。不过,动词$_2$ 一定是在动词$_1$ 完成后才发生。另外,这类句子中如果只有一个动态助词“了”,一定要放在动词$_1$ 后面。在后两例中,因动词$_1$ 和动词$_2$ 都已完成,所以,后面也可带“了”。

2. “动词$_1$ + 了 + 时量/动量补语 + (宾语) + 就/才/又 + 动词$_2$ + (其他)”。

表示前一动作经过一段时间后开始了后一动作,或者形成某种状态。如:

那个地方她去了一次就不想去了。

他刚上了两天课又请假了。

我在这儿住了一年多才习惯。

在这类句子中，动词$_2$前用副词“就”“又”的，句末常有语气助词“了”，如上面“试一试”中例1、例2(见第二单元第一课、第三单元第三课语气助词“了”的相关内容)；但动词$_2$前用副词“才”的句子，句末不用语气助词“了”，如用法二中的例3，动词$_2$“习惯”后面如带宾语，可用“了$_1$”，但句末不可用“了$_2$”。请看下面的例子：

我住了一年多才习惯。

我住了一年多才习惯了这儿的生活。

*我住了一年多才习惯了这儿的生活了。

3. “小句/状语，主语+动词+了+宾语/其他”。

表示在某种原因、目的、条件或方式下，取得了某种结果。前一部分通常是介词短语组成的状语，或者是一分句。后一部分的谓语动词后一般要用“了”。如：

在警察的帮助下，我才找到了丢失的护照。

通过一年的努力，他考上了医学院的研究生。

为了学习汉语，我们来到了中国。

我再三请求，经理才接受了我的建议。

练一练

一、HSK仿真题：把“了”放在适当的位置上。

1. 今天的作业很多A，我吃B饭就得C做D作业。
2. A你上B大学才开始C学D汉语的吗？
3. A小红B上星期刚买C一辆车，现在还会买D吗？
4. 他回A到B美国才能给C我写D信。
5. 昨天我们A一连B走C四十分钟才到车站D。
6. 在张经理的介绍A下，我们了解B你们C公司D的情况。
7. 听A老师的话B，小林很不好C意思D。
8. 通过A这次参观B，李小明对动物和植物都C产生D浓厚(nónghòu)的兴趣。

二、选择适当的动词和动态助词“了”完成下列句子。

(参考词语：出/看/找/读/用/表演/走/逛/学　　提示：有的动词需要带上合适的补语)

1. 昨天晚上我____________电影就回宿舍了。
2. 他奶奶昨天刚______院，今天又住进去了。
3. 他只____________一个星期就学会游泳了。
4. 你们____________这家商场还想逛哪里？
5. 妈妈要求小林每天______一小时英语以后才可以去玩。
6. 这条路我____________一次就认识了。
7. 她______很长时间，也没找到你需要的资料。
8. 在大家的鼓励(gǔlì)下，她又______一个节目。

三、用(　　)中的词语和动态助词“了”完成下列对话。

1. A：你们什么时候去旅行？

B：____。（放暑假）

2. A：阿明，小王呢？

B：____。（吃饭；去图书馆）

3. A：我还想买一双皮鞋。

B：____？别买了！（刚；又）

4. A：你学多长时间会开汽车的？

B：____。（两个多月；才）

5. A：她怎么也在篮球队里？

B：____。（在……下；参加）

6. A：你们打算先游览故宫吗？

B：不，____。（爬长城；再）

7. A：你很小就去国外留学了吗？

B：不是，____。（大学毕业；才）

8. A：听说，____？（只花半年；就）

B：是的，他很聪明，也很用功。

四、HSK 仿真题：找出下面句子中有错误的一部分，并改正过来。

1. 昨天下午，我叫着他好几声，可是，他都没听见。

A　B　C　D

2. 小张，刚才司机说，咱们到人民路就要下了车，是吗？

A　B　C　D

3. 你知道吗？为了这次旅行，我和大山整整一个多月准备了。

A　B　C　D

4. 妈妈花很长时间了才给我做好这件衣服，所以，我很珍惜它。

A　B　C　D

5. 昨天，我哥哥在电话里说了，您到了那里，他才会告诉了您。

A　B　C　D

6. 做完试卷后，大卫又仔细地检查了一遍，不过，他没发现了一个语法错误。

A　B　C　D

7. 后来，仔细看地图了以后，我们才找到那条路，回到宾馆的。

A　B　C　D

8. 由于爸爸是个画家，经常在家里画画儿，在爸爸的影响下，张华也爱上画画儿。

A　B　C　D

参考答案

一、1. B 2. B 3. C 4. B 5. C 6. B 7. A 8. D

二、1. 看完了
2. 出了
3. 用了/学了
4. 逛了
5. 读了/听了
6. 走了
7. 找了/用了
8. 表演了

三、1. 我们放了暑假就去旅行
2. 他吃了饭就去图书馆了
3. 你刚买了一双皮鞋又要买
4. 我学了两个多月才会开汽车的
5. 在朋友们的鼓动(gǔdòng)下,她也参加了篮球队
6. 我们打算爬了长城再游览故宫
7. 我大学毕了业才去外国留学的
8. 他只花了半年时间就写完了这本小说

四、1. B,改为“我叫了他好几声”
2. C,改为“咱们到了人民路就要下车”
3. D,改为“整整准备了一个多月”
4. A,改为“妈妈花了很长时间”
5. D,改为“他才会告诉您”
6. D,改为“他没发现一个语法错误”
7. B,改为“仔细看了地图以后”
8. D,改为“张华也爱上了画画儿”

第七课　着(2)

试一试

下面句子中可以加“着”吗？如果可以的话，加在哪儿呢？

1. 这里住一个留学生。
2. 那些教材一直在资料室里放。
3. 本子上写他的名字。
4. 你快躺，别动！
5. 慢点儿，别摔倒了。
6. 这个孩子喜欢听音乐做作业。
7. 我们走去公园。
8. 小明听听着，突然明白了。

讲一讲

动态助词“着”除了第一单元第七课讲的两种基本用法外，还常用于以下几种句式中，表示状态的持续。

一、用于存在句

“着”用于存在句，表示动作完成后，某种静态的持续。主要有三种形式：

1. “名词(处所)＋动词＋着＋名词(施事宾语)”。如：

   教室里坐着10多个学生。

   饭店门口站着一对新人。

   窗外飘着雪花儿。

   这里住着一个留学生。

2. “名词(处所)＋动词＋着＋名词(受事宾语)”。如：

   墙上挂着一幅画儿。

   书架上放着很多汉语书。

   楼前面停着一辆小汽车。

   本子上写着他的名字。

3. “名词(受事主语)＋在＋名词(处所)＋动词＋着”。

有时，“在”前可以加“还”“一直”等副词，句末可跟语气助词“呢”。如：

地图在书房里挂着呢。

那些教材一直在资料室里放着。

他的衣服还在外面晾(liàng)着呢。

提示

(1) 上述几种用法中动词后的“着”都是说明某种状态的持续存在,动词后的“着”一般不能省略。

(2) 这里的“动词 + 着”也可以表示动作的进行,但主要还是表示动作持续的一种状态。因“着”不强调动作本身,而是说明某种状态的持续存在,动词后应该用“着”。即存在句中的“着”一般不能省略。

(3) 注意用法二中,句首一般是作主语的处所词,但这类处所词前不能用“在”。如下面的句子是错的:

* 在桌子上放着一本词典。

* 在门口停着许多汽车。

(4) 另外,“在 + 处所名词”一般作状语,用在动词谓语前面,这时,动词后要用“着”,如用法三的例句;但“在 + 处所名词”如在句中作补语时,不用“着”。如:

照片[在墙上]挂着。	照片挂〈在墙上〉。	* 照片挂着〈在墙上〉。
大家[在草地上]坐着。	大家坐〈在草地上〉。	* 大家坐着〈在草地上〉。

二、用于祈使句

“着”用于祈使句,表示要求保持某种状态。含有一种命令、提醒或嘱咐的语气。常见结构形式是“动词/形容词 + 着”。如:

你听着,以后不能再迟到了!

球来了,快接着!

你快躺着,别动!

考试的时候,你仔细(着)点儿!

慢(着)点儿,别摔倒了。

像上面表示命令等的祈使句中,动词后的“着”是不能省略的(如上面前三例);但形容词后面的“着”可以省略(如最后两例),省略后,祈使语气减弱。

三、用于连动句

“着”用于连动句,多表示伴随状态,具有描写作用。

用“着”的连动句中,动词$_1$ 大多是单音节动词,有时是一个动词重叠或两个动词连用。动词$_1$ 和动词$_2$ 之间有一定的意义关系。有的动词$_1$ 可带宾语,宾语一定要放在“着”之后。主要有两种形式:

1. “动词$_1$ + 着 + (宾语) + 动词$_2$”。

两动词同时进行或伴随,其中,有的可把动词$_1$ 看作是动词$_2$ 的方式,两动词之间有一种手段或目的的关系。如:

她说着笑着,一个电话打了半个小时。(“说着”和“笑着”两个动作同时进行)

这个孩子喜欢听着音乐做作业。(“听”伴随着“做”的动作)

我们走着去公园。(“走着”表示方式,“去公园”是目的)

这本书留着给孩子用。(“留着”表示手段,“给孩子用”是目的)

王爱华开着汽车追上来了。(“开着”表示手段,“追上来”是目的)

这类句子中的“着”一般放在表示方式、手段等的动词$_1$后面。当动词$_1$带宾语时,宾语一定要放在“着”之后。

有少量形容词可用在动词$_1$的位置上,构成“形容词 + 着 + 宾语 + 动词”,表示在某种状态下做后面的动作。如:

她红着脸点了点头。

你不能饿着肚子工作。

我急着去上课。

2. “动词$_1$ + 着 + 动词$_2$ + 着 + 动词$_3$”。

前面是两个不同但是相关的动词分别带“着”连用,表示在前两个动作同时进行的状态下做后面的动词$_3$所表示的动作。如:

大家说着笑着,走出了学校的大门。

孩子哭着闹着要找妈妈。

动词$_1$和动词$_2$可以是同一个动词,表示伴随着这个动作的进行,出现了后面的新的动作或情况。如:

小林走着走着停了下来。

她看着看着笑了。

小明想着想着睡着(zháo)了。

有时,最后一个动词前面可加上“就”“突然”等副词,进一步表示动词$_1$进行时发生了新的变化或出现了新的动作。如:

我们一起说着说着一会儿就到了学校。

她开着开着车,突然停了下来。

小明听着听着,突然明白了。

有时,前面的动词可以带宾语,当动词$_1$和动词$_2$分别是不同的动词时,两个动词分别带“着”后再带宾语。如:

客人们吸着烟,喝着酒,大声议论着今天的新闻。

如果动词$_1$和动词$_2$是同一个动词,宾语只有一个,要放在动词$_2$之后,不能放在动词$_1$后面,如:

阿文写着写着作业,站了起来。

下面的句子是错的:

*阿文写着作业写着,站了起来。

练一练

一、请在下面的表格中填上适当的词语，要求每句都要有“着”。

学院门口		许多	自行车。
		一台	电脑。
		谁的	名字？
今天的作业		黑板上	
他的对面			女孩儿。
报纸和杂志	都在书架上		
门外面			中年人。
		那张照片	呢？

二、HSK 仿真题：在下面 ABCD 中选择唯一正确的填入空中。

1. 信封上______谁的地址？

A. 看着　B. 听着　C. 写着　D. 说着

2. 你别______，快帮妈妈干活儿！

A. 忙着　B. 站着　C. 走着　D. 跑着

3. 我们得(děi)______点儿了，不然就来不及了。

A. 快着　B. 慢着　C. 晚　D. 早晚

4. 他______自行车在北京转了一天。

A. 坐着　B. 上着　C. 开着　D. 骑着

5. ______看书对眼睛不好，你知道吗？

A. 坐　B. 坐着　C. 躺　D. 躺着

6. 一路上，同学们______，高兴极了！

A. 唱着跳着　B. 唱歌着　C. 跳舞着　D. 唱跳着

7. 小华，你怎么______不写了？

A. 写　B. 写着　C. 写写着　D. 写着写着

8. 老师，我可以______吗？

A. 看着课文回答问题　B. 看课文着回答问题

C. 看课文回答着问题　D. 看课文回答问题着

三、用(　　)中的动词和“着”完成下列对话。

1. A：你对面的那间宿舍有人住吗？

B：有，那间宿舍________________________。(住)

2. A：小李来了吗？

B：他一定来了，你看，门口________________________。(停)

3. A：妈妈，您回去吧，我走了。

B：________________________！(记)

4. A：小美，你怎么又________________________？(躺)

B：对不起。我马上坐起来看。

5. A:你身体不舒服吗?
B:是,我没吃早饭,是________________,现在胃有点不舒服。(饿)
6. A:你还记得古代的吴国在哪儿吗?
B:记得,上课时,老师________________________。(指)
7. A:小雨和小雪呢?
B:我看见她们俩________________________。(说,笑)
8. A:今天阿刚怎么没来?
B:昨天下午他去踢足球,________________突然摔倒了,腿受伤了。(跑)

四、判断正误,并把有错误的地方改正过来(正确:√;错误:×)。

1. 我们在这儿坐着,一边喝咖啡一边等张华吧。(　　)
2. 妈妈笑说:“你长大了!”(　　)
3. 你别坐着不动,快过来帮我!(　　)
4. 昨天晚上我看着书看着就睡着了。(　　)
5. 他经常陪朋友看着京剧。(　　)
6. 我家的花园里开着许多漂亮的花。(　　)
7. 这个歌她听着听着就会唱了。(　　)
8. 下雨天那条路很滑(huá),你一定要小心着点儿。(　　)

五、用所给的词语+“着”造句。

例:我家楼下　　留学生──→我家楼下住着一个留学生。
1. 院子里　　苹果树──→
2. 公园的长椅上　　两位老人──→
3. 开着汽车　　游览太湖──→
4. 穿着新衣服　　过春节──→
5. 摇着头　　说──→
6. 找着找着　　停──→
7. 看着看着　　大叫──→
8. 说着笑着　　到──→

参考答案

一、

学院门口	停着/放着	许多	自行车。
桌子上	放着	一台	电脑。
书上/本子上	写着	谁的	名字?
今天的作业	在	黑板上	写着呢。
他的对面	坐着/住着	一个	女孩儿。
报纸和杂志	都在书架上	放着	呢。
门外面	站着/坐着	一位	中年人。
墙上	挂着的/贴着的	那张照片	呢?

二、1. C 2. B 3. A 4. D 5. D 6. A 7. D 8. A

三、1. 住着一对年轻人

2. 停着他的自行车呢

3. 你记着一到北京就来电话啊

4. 躺着看杂志了

5. 饿着肚子来上班的

6. 指着地图给我们讲过

7. 刚才说着笑着出去了

8. 跑着跑着

四、1. √

2. ×,改为:“妈妈笑着说:‘你长大了!’”

3. √

4. ×,改为:“昨天晚上我看着看着书就睡着了。”

5. ×,改为:“他经常陪着朋友看京剧。”

6. √

7. √

8. √

五、1. 奶奶家的院子里种着/长着许多苹果树。

2. 公园的长椅上坐着两位老人。

3. 星期天我们开着汽车去游览太湖,好吗?

4. 孩子们总是穿着新衣服过春节的。

5. 大明摇着头说:“我一点儿也不会。”

6. 他在包里找着找着,突然停了下来。

7. 明明正看电视呢,他看着看着,突然大叫起来。

8. 我们俩说着笑着,很快就到了汽车站。

第八课 过(2)

试一试

请看下面的句子里什么地方可以加上动态助词“过”。

1. 他大学毕业后去美国留两年学。
2. 老人曾经坐火车去很多地方。
3. 我上个月去图书馆借两次书。
4. 她昨天去火车站等你半个小时。
5. 他从来没叫我帮忙。
6. 他请朋友吃饭、喝酒、唱歌儿。
7. 有个广告公司请赵导演拍许多电视的广告。

讲一讲

在第一单元里，我们已知道动态助词“过”主要用于动词或形容词后面，表示某动作曾发生或某状态曾出现。本课讲“过”在几种特殊句式中的用法。

1. “过”用在连动句中，表示前一动作是后一动作的方式、工具或手段，或者后一动作是前一动作的目的，动态助词“过”要放在后一个动词的后面。

常用的结构形式是“动词$_1$ + 宾语$_1$ + 动词$_2$ + 过 + 宾语$_2$/补语”，如：

他大学毕业后去美国留过两年学。

老人曾经坐火车去过很多地方。

你汉语学了快两年了，你用汉语写过信没有？

2. 在兼语句中，动态助词“过”一般放在后一个动词后面，表示前后两个动作曾经发生或经历过。

常用的结构形式是“主语$_1$ + 动词$_1$ + 宾语$_1$（主语$_2$）+ 动词$_2$ + 过 + 宾语$_2$/补语”。如：

她请我看过电影。

妈妈只让我买过一次菜。

老师教我们唱过中国歌儿。

提示

(1) 在连动句或兼语句中，后一动词也常带宾语或补语，这些成分应放在“过”的后面。如果后一动词同时带名词宾语和补语，一般要把名词宾语放在补语之后。如：

我上个月去图书馆借过两次书。

他前两天请我吃过一次饺子。

当宾语为代词时，则要放在补语前。如：

她昨天去火车站等过你半个小时。

下面的句子是错的：

＊她昨天去火车站等过半小时你。

(2) 如这类句子是否定或疑问形式，同样要把"过"放在后一动词后面。如：

他从来没叫我帮过忙。

你陪孩子去过公园吗？

他总是很忙，从没陪孩子去过公园。

下面的句子是错的：

＊我没去过西安玩儿。

＊小刚坐过飞机去广州吗？

(3) 用"请、让、叫"等的兼语句中，第一个带兼语的动词不能带"过"，但后面的动词即使有好几个，也都可带"过"。如：

他请朋友吃过饭、喝过酒、唱过歌儿。("吃、喝、唱"是并列关系)

下面是用"有"的兼语句，"有"后面的动词可以带"过"：

有个广告公司请过赵导演拍过许多电视广告。(第一个"过"也可以不要)

刚才有人来过这里、找过什么东西。

练一练

一、判断正误，并把错误的地方改正过来(正确：√；错误：×)。

1. 不管我怎么叫他，他都没有回头来看我一眼。(　　)
2. 在中国留学期间，他们不仅去过广州、深圳和香港，还去新疆和西藏。(　　)
3. 她是个很文静的姑娘，我从来没听她大声说过话。(　　)
4. 今天真热！不过，据说最高温度还不超过了 33 度。(　　)
5. 我曾来这家饭店吃过两次，和咱俩上次去的那家相比，你觉得这儿怎么样？(　　)
6. 以前我陪她去过上海几次。(　　)
7. 上个月你来公司加过几天班？(　　)
8. 他的嘴巴可厉害了，谁也说不过他。(　　)

二、用(　　)中的动词(或动词短语)和"过"完成下列对话。

1. A：小华，我们明天早上起床后马上就出发吗？

   B：不是，导游说了，我们________________________。(吃)
2. A：大卫是不是不爱出门？

   B：哪里呀，他来苏州一个月已经________________________。(游览)
3. A：小李这个人挺不错的。

   B：是啊，他从来没给公司________________________。(惹麻烦)
4. A：王刚的性格开朗吗？

B:哪儿呀,这么些年来,我就没见他______________________________。(交朋友)

5. A:高老师,您儿子钢琴弹得不错啊!

B:是啊,他小时候______________________________。(去;学)

6. A:先生,这双鞋合适吗?请您坐下来试一下吧。

B:刚才另一个营业员已经____________________________,我就买这双。(让;试)

三、在必要的地方填上“过”。

早就听说(1)太湖很有名,却苦于没有机会亲眼见(2)。这次正好路(3)苏州,我就去(4)太湖了。和往常拍(5)照片就走不同,我决定走进太湖的水光山色中,去感受太湖的美。记得以前在哪儿看(6):白鱼、白虾是太湖的特产。坐着船从湖中穿(7),好像伸手就可以从水中抓起一把鱼虾来。

参考答案

一、1. ×,改为:“不管我怎么叫他,他都没有回过头来看我一眼。”

2. ×,改为:“在中国留学期间,他们不仅去过广州、深圳和香港,还去过新疆和西藏。”

3. √

4. ×,改为:“今天真热!不过,据说最高温度还没超过 33 度。”

5. √

6. ×,改为:“以前我陪她去过几次上海。”

7. √

8. √

二、1. 吃过早饭才去呢

2. 游览过好几个地方了

3. 惹过麻烦

4. 交过什么朋友

5. 去钢琴学校学过好几年呢

6. 让我试过了

三、1. /　　2. 过　　3. 过　　4. /

5. 过　　6. 过　　7. 过

单元练习

一、HSK 仿真题:把(　　)中的助词放在适当的位置上。

1. 我看 A 见张华开 B 汽车走了,你再早来 C 五分钟就能看 D 到他了。(着)

2. 不知道 A 孩子们刚才干 B 了些什么,地上弄 C 乱七八糟 D。(得)

3. 先生,我要 A 买 8 号去 B 北京的火车票 C,直达 D,三张。(的)

4. 天气预报说 A 明天有 B 大雨 C,你们就别去爬山 D。(了)

5. 学 A 什么专业毕竟是 B 你自己的事情,还是 C 由你决定 D。(吧)

6. 他怎么 A 就不能 B 多为别人想想 C? 太自私了 D!(呢)

7. 你 A 现在是 B 总经理 C,约你出来吃顿饭 D 可真不容易啊!(了)

8. 通知还在 A 橱窗里贴 B 呢,你难道 C 没看到 D 吗?(着)

9. 星期天 A,她把家里每一个房间 B 都仔仔细细 C 打扫了一遍 D,累坏了。(地)

10. 终于见到了 A 阔别几十年的老 B 朋友,他激动 C 不知道说什么才好 D。(得)

11. 我们还是 A 去吃火锅 B,上次我们不是吃 C 得很开心的 D 吗?(吧)

12. 他的毅力远远超 A 了同龄人,都 70 多 B 岁了,还在学 C 第四门外语 D。(过)

13. 马丁,你们班的杰克 A? 你看见了 B 吗? 楼下 C 有人在 D 找他。(呢)

14. 抽烟对 A 身体可没什么 B 好处,你能少抽点儿 C 就少抽点儿 D。(吧)

15. 苏州的园林那么有 A 名,可她在苏州留 B 学的时候,居然从没去 C 那些园子逛 D。(过)

二、在必要的地方加上适当的结构助词(的、地、得)。

1. 这个(　　)男孩子正处于青春(　　)期,总是跟家长和老师对着(　　)干,可把他(　　)父母气(　　)坏了。

2. 总的来说,一班(　　)同学大都比较文静,都能认真(　　)学习;二班(　　)呢,大都比较活泼,能够积极(　　)参加各项(　　)活动。

3. 大概是前两天干了些重(　　)活,他现在觉得腰酸背痛(　　),累(　　)不行。

4. 夫妻之间有什么(　　)问题就多谈谈嘛,无论如何也动不(　　)手啊!

5. 这边儿的包子是青菜、香菇馅儿(　　),那边儿(　　)是肉馅儿(　　)。

6. 别看张小京只是个 8 岁(　　)孩子,却懂事(　　)很呢,上次他妈妈生病时,他不慌不忙(　　)打了急救电话呢。

7. 他那种人啊,总是光说不做(　　),我觉得靠(　　)不住。

8. 女(　　)孩子嘛,你送她些巧克力、鲜花什么(　　),她一定会喜欢(　　)。

9. 她大概(　　)有什么重要(　　)事儿,放下电话就急急忙忙(　　)跑出去了。

10. 在圣诞联欢晚会上,同学们唱歌(　　)唱歌,跳舞(　　)跳舞,玩儿(　　)开心(　　)极了。

11. 我跟我的室友实在合(　　)不来,我想一个人(　　)住。只要找到合适(　　)房子,我马上(　　)就搬出去住。

12. 我亲眼(　　)看见她跟朋友有说有笑(　　)进了咖啡馆儿，哪有一点儿生病(　　)样子？

三、HSK 仿真题：在下面的 ABCD 中选择唯一恰当的答案。

1. 院子里种______好多花，春暖花开的时候，漂亮______呢！
A. 的；的　B. 着；着　C. 得；得　D. 过；过

2. 叫你别开窗子，可你就是不听，瞧，蚊子都飞进来______。
A. 了　B. 啊　C. 过　D. 吧

3. 旅客前往南京方向______，请往左走；前往上海方向______，请往右走。
A. 得；得　B. 地；地　C. 了；了　D. 的；的

4. 我带你来这家中国餐馆，一来______是想请你尝尝中国菜；二来______是想让你见识一下我们的筷子。
A. 呢；呢　B. 吗；的　C. 了；吧　D. 哇；着

5. 你今天来这儿找我，不会只是随便聊聊______？有什么事儿就直说______。
A. 啊；呗　B. 呀；吧　C. 吗；吧　D. 吧；吧

6. 时间不早______，我也不坐______，该走______。
A. 了；了；了　B. 的；啦；啦　C. 了；着；的　D. 着；啦；吧

7. 小赵可能干______，他一个人能干两个人的活儿，难怪大家都很服他______。
A. 了；呢　B. 啊；了　C. 的；呢　D. 了；的

8. 下午怎么老是找不到你______？办公室的电话______没人接，手机______又总是忙音。
A. 啊；的；的　B. 呢；呢；呢　C. 哪；呀；呀　D. 啊；哇；哇

9. 她才在中国生活了一年多______，普通话就说得跟中国人差不多一样标准。
A. /；了　B. 了；了　C. 了；呢　D. 呢；了

10. 穿______马路往左拐，三四分钟就到烤鸭店了。你不记得______？我在那儿请你吃______两次烤鸭呢。
A. 了；了；过　B. 了；过；过　C. 过；了；过　D. 着；了；过

11. 小王修电脑的技术棒______，而且又有耐心，所以朋友们都爱请他修电脑。
A. 得慌　B. 得很　C. 不得　D. 不得了

12. 她家离学校很远，每天上学都要转两次车、花一个多小时，挺麻烦______。
A. 呢　B. 了　C. 啊　D. 的

13. 通过努力，李大中获得______一个免费去北京进修的机会，他开心______不得了。
A. 了；得　B. 过；得　C. 着；地　D. 了；地

14. 瞧这天阴的，看样子马上就要下雨______，咱们快回去______。
A. 吧；了　B. 了；吧　C. 啊；了　D. 吧；吧

15. 在中国留学期间，马丁不仅提高______汉语水平，而且还交______几个非常好的朋友______。
A. 了；着；了　B. 着；着；呢　C. 了；了；呢　D. 了；了；吧

四、判断正误，并把有错误的地方改正过来(正确：√；错误：×)。

1. 你儿子长得真快，快要有你这个当爸爸的高啦。(　　)

2. 现在年轻人的头发不再色彩单一了，除了黑的，还有黄的、红的、紫的，几乎什么颜色

的都有。(　　)

3. 毕竟已是50多岁的人了,她整整学了一个夏天,才学会了游泳了。(　　)
4. 我在这儿等你了半天了,你怎么到现在才来呀?(　　)
5. 在我们的校门口竖着一面国旗,你看见了吗?(　　)
6. 你别看他表面上一点儿也不在乎,其实呢,他心里可紧张呢。(　　)
7. 大家都是好朋友,你喜欢呢,就拿去用,还分什么你的我的?(　　)
8. 你既然知道为什么不说出来?现在才说,太晚啦!(　　)
9. 一转眼,一个学期就要结束了,现在,同学们正紧张地复习了。(　　)
10. 张红,你快转头过向右看,李大力在向你招手呢。(　　)
11. 我早就说过打网球你不是他的对手,现在你相信了吧?(　　)
12. 朋友带过我去听两次京剧,可我实在听不懂,后来就再也没去过。(　　)
13. 他的故事刚开了个头就打住了,孩子们都急着问他:"后来呢?"(　　)
14. 临出门时,小林把全家福的照片放着在钱包里了。(　　)
15. 虽然我今天特别忙,可我还是及时给她回了信。(　　)

五、用(　　)中的词语完成句子。

1. 王小雨今天穿了一条新裙子,________________________________!(可;呢)
2. 你去老师家做客,怎能________________?带点儿水果或者鲜花儿吧。(空着手)
3. 咱们现在就回家吗?________________________________。(还;呢)
4. ________________________,这几天丁丁在急着赶寒假作业呢。(快要;了)
5. 你别担心!不就是走夜路嘛,我一个大男人______________________。(才;呢)
6. 要不你和孩子先吃吧,别等我了,________________________。(我呢;忙)
7. 这件事______________________________,你还放在心上干什么?(早就;了)
8. 经过几个月的努力,______________________________________。(会;了)
9. 小林怎能说不来就不来呢?________________,也要事先请个假呀。(即使;吧)
10. 她家对门________________________,所以她儿子才有机会练英语。(就;着)

六、根据要求造句或完成句子。

(一)用(　　)中的词语,给下列句子加上合适的补语。

1. 这是她第一次参加演讲比赛,她紧张______________________。(得;情态补语)
2. 那部电影我已经看________________________,可还想再看。(了;数量补语)
3. 我坐在教室的最后一排,黑板上的字看____________________。(得;可能补语)
4. 先别干了,菜都快凉了,你们吃__________________________。(过;结果补语)
5. 中国银行就在对面,穿__________________________________。(过;趋向补语)

(二)用(　　)中的词语,完成下列对话。

1. A:你今天什么时候去超市?
   B:______________就去。(下班)
2. A:上个月你参加作文比赛的结果怎么样啊?
   B:在老师的辅导下,________________________。(二等奖)
3. A:这篇课文玛丽____________________?(读)
   B:挺流利的。
4. A:你们班的男生喜欢不喜欢打球?

B:当然喜欢啦,____________________,就喜欢打乒乓球。(比如;吧)

5. A:刘大卫的长跑水平在我们学校是数得着的。

B:可不是嘛,据说老师__________________两次马拉松长跑比赛呢。(让;参加过)

(三)用所给的词语造句。

1. 本来呢　　　　打篮球⟶

2. 越来越　　　　了⟶

3. 走　　　　　　吧⟶

4. 戴　　　　　　着⟶

5. 也许　　　　　吧⟶

七、HSK 仿真题:找出下面句子中有错误的一部分,并改正过来。

1. 桌上的这只手机是你的吗?在哪儿买的?太好看呢!我也想买一只。

A　B　C　D

2. 你总算醒过来!你不知道,这两天,我们大家都在为你担心呢。

A　B　C　D

3. 小张,你有笔记本电脑了?是自己买的还是公司配给你?

A　B　C　D

4. 昨天上午,在运动会开幕式上,操场上站的上千名运动员,他们来自不同的代表队。

A　B　C　D

5. 那天晚上,她终于鼓起勇气,把心里想的说出来,感觉轻松多了。

A　B　C　D

6. 吃不完没关系,放到冰箱里,下顿再吃吧,我就不用再做的。

A　B　C　D

7. 她听着音乐听着,竟跳起舞来了,她忘了那是在广场了,还以为是在家里呢。

A　B　C　D

8. 大家快醒醒吧,火车到站啦,该下车了,别忘你们的行李了。

A　B　C　D

9. 这里多好哇,有吃有喝的,还可以看《哈利·波特》,我才不想走吧。

A　B　C　D

10. 王小雨 15 了,也不小了,洗洗碗、拖拖地什么的,可以让她学了做了。

A　B　C　D

11. 我现在聘了一位新秘书,叫王文华,他能力很强,工作又很努力,让我觉得轻松多。

A　B　C　D

12. 你先打开书，翻到第 38 页，然后跳的前面两行，从第三行看起。
A　　　B　　　C　　　D

13. 小刚，你抓紧时间，吃饭就做作业，然后还要练琴呢，可别睡得太晚了。
A　　　B　　　C　　　D

14. 下次你走路的时候，一定要看点儿路，小心一点儿，就不会摔倒了。
A　　　B　　　C　　　D

15. 虽然你已经 20 岁，但还不能照顾好自己，我是你妈妈，怎能不担心你呢？
A　　　B　　　C　　　D

16. 你说行就行呢，这毕竟是你自己的事，只要你满意，我也就高兴了。
A　　　B　　　C　　　D

八、HSK 仿真题：综合填空。

(1—4)

A：桌上这块手表真是你___(1)___？不会___(2)___？你怎么会用这么旧的手表？

B：怎么？我就不能用旧手表了___(3)___？它可是我太太年轻时送给我的生日礼物！旧是旧___(4)___点儿，可对我来说很珍贵啊！

1. A. 吗　　B. 的　　C. 地　　D. 得
2. A. 地　　B. 呗　　C. 吧　　D. 了
3. A. 的　　B. 吧　　C. 呢　　D. 吗
4. A. 了　　B. 的　　C. 啊　　D. 啦

(5—8)

A：听说商家在搞“买一送一”活动___(5)___，可划算了！我正想买台洗衣机呢，要是再送一台，我就把它送给你，好___(6)___？

B：你没搞错___(7)___？“买一送一”说___(8)___是买一台洗衣机送一袋洗衣粉啊！

5. A. 了　　B. 过　　C. 呢　　D. 着
6. A. 哪　　B. 吗　　C. 了　　D. 哇
7. A. 呀　　B. 的　　C. 呢　　D. 吧
8. A. 的　　B. 了　　C. 地　　D. 呢

(9—14)

结婚以后，她就不工作___(9)___。一开始她还开心得___(10)___，看电视啊、上网聊天啊什么___(11)___，想玩到什么时候就玩到什么时候。可没过多长时间，她就觉得太无聊___(12)___。后来她去学校，进了兴趣班，学音乐，学画画，每天高高兴兴___(13)___，还交了一些谈得来的朋友___(14)___。

9. A. 过　　B. 地　　C. 了　　D. 着
10. A. 很　　B. 极　　C. 死　　D. 透
11. A. 着　　B. 了　　C. 地　　D. 的

12. A. 的　　B. 了　　C. 过　　D. 呢
13. A. 地　　B. 得　　C. 的　　D. 了
14. A. 呢　　B. 吧　　C. 吗　　D. 啊

参考答案

一、1. B　2. C　3. D　4. D　5. D　6. C　7. C　8. B　9. C　10. C　11. B　12. A　13. A　14. D　15. D

二、1. /;/;/;/;/　　2. 的;/;的;/;/　　3. /;/;得
4. /;得　　5. 的;的;的　　6. 的;得;地
7. /;/　　8. /;的;的　　9. /;的;地
10. 的;的;得;/　　11. /;/;的;/　　12. /;地;的

三、1. B　2. A　3. D　4. A　5. D　6. A　7. A　8. B　9. A　10. C　11. B　12. D　13. A　14. B　15. C

四、1. √
2. √
3. ×,去掉句末的“了”
4. ×,改为“我在这儿等你等了半天了”或者“我在这儿等了你半天了”
5. ×,去掉“在”
6. √
7. √
8. √
9. ×,句末的“了”改为“呢”
10. ×,改为“转过头向右看”
11. √
12. ×,改为“朋友带我去听过两次京剧”
13. √
14. ×,去掉“着”
15. √

五、1. 可漂亮呢　　2. 空着手去呢
3. 时间还早着呢　　4. 快要开学了
5. 才不怕呢　　6. 我呢,还有点儿工作没忙完呢
7. 早就过去了　　8. 她终于学会理发了
9. 即使有事吧　　10. 就住着两个英国留学生

六、(一) 1. 得说话都有点结巴了　　2. 了好几遍了
3. 得不太清楚　　4. 过饭再接着干吧
5. 过马路就是

(二) 1. 下了班　　2. 我的作文获得了二等奖
3. 读得怎么样　　4. 比如我吧
5. 让他参加过

(三) 1. 本来呢,我们想去打篮球的,可现在下雨了,我们只好呆在家里了。
2. 她长大了,越来越漂亮了。
3. 他要走,就让他走吧,过几个月还会回来的。

4. 她的头上戴着一顶红帽子。

5. 今天下雨,她也许不会来了吧?

七、1. C,改为“太好看了”

2. A,改为“你总算醒过来了”

3. D,改为“还是公司配给你的”

4. C,改为“操场上站着上千名运动员”

5. C,改为“把心里想的说了出来”

6. D,改为“我就不用再做了”

7. A,改为“她听着听着音乐”

8. D,改为“别忘了你们的行李”

9. D,改为“我才不想走呢”

10. D,改为“可以让她学着做了”

11. D,改为“让我觉得轻松多了”

12. C,改为“然后跳过前面两行”

13. B,改为“吃了饭就做作业”

14. B,改为“一定要看着点儿路”

15. A,改为“虽然你已经20岁了”

16. A,改为“你说行就行吧”

八、1. B 2. C 3. D 4. A 5. C 6. B 7. D 8. A 9. C 10. A 11. D 12. B 13. C 14. A

·第三单元·

第一课 了$_1$(3)

试一试

请看下面句子中的(　　)里是否可以加上动态助词"了"。

1. 下午放学(　　)后,大山和小天打(　　)场篮球就回家了。
2. 昨天发生(　　)一件有趣儿的事。
3. 今天早上有(　　)点儿凉,妈妈让我穿上(　　)一件风衣。
4. 我看见小文出(　　)门往超市的方向走了,她一定去(　　)买(　　)东西了。
5. 小红来我家说(　　)她留学的事儿。
6. 看到一位白发老人上(　　)车,小李马上站(　　)起来,把老人让到(　　)座位上。
7. 她看(　　)看(　　)信说:"这是个好消息。"
8. 上次我们开(　)个会来(　)决定旅行计划的。

讲一讲

在第一、第二单元里我们已经讲了动态助词"了"在独立小句及非独立小句中的主要用法,本课主要讲它在几个特殊句式中的用法及需要注意的地方。

一、用在连动句中

"了"用在连动句中,有以下两种常见情况:

1. "动词$_1$ + 了 +(宾语$_1$)+ 动词$_2$ +(宾语$_2$/补语)"。

表示两个动作连续发生,后一动作发生时,前一动作已经完成;或前一动作的完成是后一动作的条件,这时,动词$_1$ 后面一般要用动态助词"了"。如:

妈妈听完了我说的话才放下心来。

我有了钱打算买一台电脑。

今天我和阿强下了班去游泳。

下午放学后,大山和小天打了场篮球就回家了。

我看见小文出了门往超市的方向走了,她一定去买东西了。

第三单元

(1) 这类句子的动词$_1$ 后面也可带表示动作完成的结果补语,"了"要放在动补短语之后。如上面例句中第一例。

(2) 如果动词$_2$ 也已发生或完成,后面也可跟"了",如上面"试一试"中例2和例5。有时,动词$_2$ 后也可以带补语。如:

他得了第一名高兴得不得了。

大家听了这个好消息都跳了起来。

(3) 如果动词$_1$ 重叠使用,"了"要放在重叠动词之间。如:

她看了看信说:"这是个好消息。"

像下面这样把"了"放在重叠动词后是错的:

＊我点点了头没说话。

(4) 如果动词$_1$ 是"有",一般表示为动词$_2$ 发生的条件,有时,动词$_2$ 前用"就""再""才"等副词,突出后一个动作或结果是在前一条件具备后才得以实现的。如:

咱有了好办法再告诉他吧。

他有了钱就帮助别人。

你有了信心才能学好汉语。

2."动词$_1$ +(宾语$_1$/其他)+动词$_2$ +了+(宾语$_2$/其他)"。

表示前一动作是后一动作的方式、工具或手段,或者后一动作是前一动作的目的时,动态助词"了"要用在后一动词后面。如:

爸爸开车去了上海。(动词$_1$ 是方式)

他用汉语写了一封信。(动词$_1$ 是手段)

我去银行换了一些钱。(动词$_2$ 是目的)

小红来我家说了她留学的事儿。(动词$_2$ 是目的)

在表目的的连动句中,动词$_1$ 常用"来、去",表示动作的方向(如上面后两例)。但这类连动句中的语义重点在后一动词,因此"来、去"后不能带"了"。有时两个以上的谓语动词构成复杂的连动句,"了"同样不能放在"来、去"的后面。有时"来、去"不再表示方向,而仅表示一种意愿。如下面两句:

上次我们开了个会来决定旅行计划的。　＊上次我们开个会来了决定旅行计划的。

你怎么带了个书包去打球?　＊你怎么带书包去了打球?

在否定的连动句中,否定副词"没"一般要放在前一个动词前,不放在后一个动词前。另外,也不能再使用动态助词"了"。请看下面的句子:

√我没去邮局取包裹。

?我去邮局没取包裹。

＊我没去了邮局取包裹。

二、用在兼语句中

"了"用在兼语句中,也可分两种情况:

1."主语$_1$ +动词$_1$ +宾语$_1$(主语$_2$)+动词$_2$ +了+(宾语$_2$/补语)"。

表示后一动词已经发生或完成,后面一般要用动态助词"了"。

今天早上有点儿凉,妈妈让我穿上了一件风衣。

老师叫那个学生站了起来。

他请我们看了一场电影。

在汉字比赛中，有个小学生得了第一名。

一般来说，只要说话人强调的重点在第二个动词，兼语句第一个动词后就不带“了”。只有在少数情况下，当兼语句中第一个动词（如“请、叫、有”）是说话人强调的重点时，后面才可带“了”（“让”后不能带“了”）。如：

为了帮助小华学英语，妈妈请了家庭教师辅导他。（前后两句是目的和结果关系）

我知道你今天搬家，就叫了几个朋友帮你。（前后两句是原因和结果关系，下同）

有了你当导游，我们就放心了。

上面的例句说明，兼语句的第一动词后带“了”，往往出现在说明目的与结果或原因与结果的上下文中。“请了”、“叫了”表示动作的完成，如果第二个动词没有“了”，动作则没有完成，或还在持续，如“辅导”；或还未开始，如“帮”。“有”不是动作动词，所以，如果不强调“已经有了”这层含义，“了”也可以不要。

2.“主语$_1$ + 介词（给、把）+ 宾语$_1$（主语$_2$）+ 动词 + 了 + 宾语$_2$”。

在介词“给”“把”的宾语充当兼语的句子中，如介词宾语后面的动作行为已发生或完成，一般后面也可用动态助词“了”。这种用法多出现在口语中。如：

妈妈已经给我吃了感冒药。

他把大华拉到了车上当司机。

看到一位白发老人上了车，小李马上站了起来，把老人让到了座位上。

在兼语句中，否定时要用“没”，且必须放在前一个动词前，不能放在后一个动词前。另外，也不能再使用动态助词“了”。请看下面的句子：

√他请我看了电影。

√他没请我看电影。

*他请我没看电影。

*他没请了我看电影。

三、用在存现句中

“了”用在存现句中，表示人或事物的出现或消失，动词后常用动态助词“了”。

常见结构是“处所/时间名词 + 动词 + 了 + 定语 + 宾语”。如：

对门搬进了一个留学生。

老王家丢掉了一只小狗。

昨天发生了一件有趣儿的事。

这类句子的动词一般是表示人或事物移动位置、出现或消失意义的，如“来”“走”“跑”“开（车）”“发生”“出现”等。

这类句子的动词后常带结果补语或趋向补语，动态助词“了”要放在动补结构之后。

另外，在这类句子中，处所名词或时间名词作主语，是描写的对象，所以前面不能用介词。这是留学生容易出的错，需特别注意。如：

花园里开了许多花儿。　　　　*在花园里开了许多花儿。

公共汽车里挤满了人。　　　　*在公共汽车里挤满了人。

这类句子的宾语表示出现或消失的人或事物，一般不是单个名词（简单宾语），前面常有数量词语或修饰词语作定语，如上面几个例子都是如此。再请看下面的句子：

A 组	B 组
门口开走了一辆红汽车。	*门口开走了汽车。
公司里来了三个新职员。	*公司里来了职员。

显然,B 组的句子表达的意思不够完整。但如是否定句,"了"不能保留,同时宾语前一般不需要再用定语。如:

√公司没来新职员。

?公司没来三个新职员。

*公司没来了新职员。

练一练

一、HSK 仿真题:把"了"放在适当的位置上。

1. 你明天见 A 小王 B 就告诉 C 他吧 D。
2. 昨天下午 A 我去 B 机场接 C 一个 D 朋友。
3. 他们用 A 英语 B 交谈 C 一个 D 小时。
4. 上星期 A 我去 B 北京大学 C 查 D 一些资料。
5. 桥本来 A 苏州 B 参观 C 丝绸 D 博物馆。
6. 去年 A 他请老师 B 和同学 C 参加 D 他的婚礼。
7. 昨天张经理叫 A 小王去 B 一趟 C 西安 D。
8. 我让 A 妹妹 B 从家里拿 C 来 D 照相机。
9. 我的 A 家乡出 B 很多 C 科学家 D。
10. 那个 A 停车场 B 里停 C 满 D 汽车。

二、画去下列句子中使用不当的"了"。

1. 我有了钱就去了旅行。
2. 王平的女儿想学了好了汉语当翻译。
3. 班长叫马克参加了三个比赛了项目。
4. 昨天,朋友请了我吃了北京烤鸭。
5. 高老师让了小华买了去广州的飞机票。
6. 我们请玛丽和大卫了表演了一个节目。
7. 箱子很重,我叫了小黄跟了你一起搬。
8. 同学们选金英子同学了当了班长。
9. 他的办公桌上堆了满了报纸。
10. 今天老李家来了好几个了客人。

三、请把Ⅰ、Ⅱ两组搭配起来,并在需要的地方加上动态助词"了"、补语和"就""才""再"等副词。

Ⅰ组	Ⅱ组
1. 洗手	A. 等到这个机会
2. 做作业	B. 做好计划
3. 考试	C. 放一张名片

4. 忙一上午　　　　　　D. 交一张照片
5. 等一年　　　　　　　E. 看电影
6. 请张博士(bóshì)　　F. 种很多茶树
7. 让小刚　　　　　　　G. 玩电脑游戏
8. 叫我们　　　　　　　H. 换一双运动鞋
9. 山上　　　　　　　　I. 吃饭
10. 信封里　　　　　　J. 介绍他的研究工作

四、请用练习三搭配好的词语造句。

五、完成下列对话,请用上(　　)中的词语和动态助词“了”。

1. A:今天你们什么时候去散步?
   B:________________。(晚饭)
2. A:昨天大卫看球赛了吗?
   B:没看,他________________。(下课;回宿舍)
3. A:那篇文章小王翻译好了吗?
   B:翻译好了,他________________。(三天;才)
4. A:江小文学会骑自行车了?
   B:是的,他________________。(一个星期;就)
5. A:小刚,你今天怎么回来得这么晚?
   B:老师________________,所以回来晚了。(让;打扫)
6. A:听说,北京大学的刘教授去你们学校了?
   B:是的,我们________________。(请;作讲座)
7. A:孩子们,是谁发明了电灯?
   B:________________。(爱迪生)
8. A:会议室里有人吗?
   B:有,________________。(坐满;经理)
9. A:她很喜欢照相,是吗?
   B:是的,她________________。(墙;挂)
10. A:你看,________________!(开;荷花)
    B:嗯,真漂亮!

六、HSK 仿真题:找出下面句子中有错误的部分,并改正过来。

1. <u>昨天</u>,<u>老王发高烧了</u>,<u>马医生给他看了病</u>,<u>还让了他住进了医院</u>。
   A　　B　　C　　D

2. <u>哥哥工作很忙</u>,<u>常常出差</u>,<u>上个星期</u>,<u>老板叫了他去三趟北京</u>。
   A　　B　　C　　D

3. <u>桥本先生常来中国</u>,<u>上个月</u>,<u>他来到了上海</u>,<u>而且还登上“东方明珠”电视塔</u>。
   A　　B　　C　　D

4. <u>昨天下午</u>,<u>阿里和珍妮</u> <u>坐了地铁去故宫</u>,<u>玩儿得很开心</u>。
   A　　B　　C　　D

5. 一定是小狗吃那块巧克力！我真的没吃，刚才，我在给朋友打电话呢！

A　B　C　D

6. 今天早上，我觉得有点儿冷，所以，就给女儿穿着一件毛衣。

A　B　C　D

参考答案

一、1. A　2. C　3. C　4. D　5. C　6. D　7. B　8. D　9. B　10. D

二、1. 我有了钱就去手旅行。
2. 王平的女儿想学手好了汉语当翻译。
3. 班长叫马克参加了三个比赛手项目。
4. 昨天，朋友请手我吃了北京烤鸭。
5. 高老师让手小华买了去广州的飞机票。
6. 我们请玛丽和大卫手表演了一个节目。
7. 箱子很重，我叫了小黄跟手你一起搬。
8. 同学们选金英子同学手当了班长。
9. 他的办公桌上堆手满了报纸。
10. 今天老李家来了好几个手客人。
（注："手"为应该画掉的"了"，全书同）

三、1. 洗了手再（就/才）吃饭
2. 做完了作业再玩电脑游戏
3. 考好了试就去看电影
4. 忙了一上午才做好计划
5. 等了一年才等到这个机会
6. 请张博士介绍了他的研究工作
7. 让小刚换了一双运动鞋
8. 叫我们交了一张照片
9. 山上种了很多茶树
10. 信封里放了一张名片

四、1. 小明、小红，你们洗了手再吃饭。
2. 我们做完了作业再玩电脑游戏吧。
3. 明天他们考好了试就去看电影。
4. 今天我忙了一上午才做好这份旅游计划。
5. 张大民等了一年才等到这个机会。
6. 昨天计算机系请张博士介绍了他的研究工作。
7. 今天小刚有体育课，妈妈让小刚换了一双运动鞋。
8. 王老师叫我们每个人都交了一张照片。
9. 那边的山上种了很多茶树。
10. 她发现信封里放了一张名片。

五、1. 今天我们吃了晚饭散步
2. 下了课就回宿舍了
3. 花了三天时间才翻译好
4. 学了一个星期就学会了
5. 让我们打扫了教室和走廊（zǒuláng）
6. 请他作了一个关于保护环境的讲座
7. 是爱迪生发明了电灯
8. 会议室里坐满了各个部门的经理
9. 宿舍的墙上挂满了照片
10. 河里开了很多荷花

六、1. D，改为"还让他住进了医院"
2. D，改为"老板叫他去了三趟北京"
3. D，改为"而且还登上了'东方明珠'电视塔"
4. C，改为"坐地铁去了故宫"
5. A，改为"一定是小狗吃了那块巧克力"
6. D，改为"就给女儿穿了一件毛衣"

第二课　了$_1$/着/过(辨析)

试一试

选择填空(把动态助词"了、着、过"填到适当的地方,不需要的话,可以不填)。

1. 10年前他在香港工作(　　)3个月。
2. 这种运动鞋你已经买(　　)两双了,怎么还要买?
3. 明天中午我们吃(　　)饭才出发,是吗?
4. 你见(　　)张明和小芳没有?
5. 就是在那次联欢会上,我认识(　　)来自印度的阿里。
6. 玛丽说她还从来没看(　　)京剧呢。
7. 我们俩买(　　)许多汉语书,但没买(　　)词典。
8. 她以前当(　　)秘书、记者,现在是出版社的文字编辑。
9. 大楼前面的停车场里停(　　)许多汽车。
10. 他今天穿(　　)西装、系(　　)领带,一定有什么重要活动。

讲一讲

在前面第一、第二单元的第六、七、八课,我们已讲了动态助词"了""着""过"的基本用法,可以知道上面"试一试"中的例1、例8应用"过";例2、例5应用"了";例10两处都应用"着"(其他题的答案请在下文中找)。本课着重辨析一下"了$_1$"与"过"以及"了$_1$"与"着"之间的异同。

一、"了$_1$"与"过"

表一:"了$_1$"与"过"在形式上、意义上的异同

助词及例句 / 比较异同			了	过	例句	
					了	过
形式上	同	都可用于动词或形容词后	动/形＋了	动/形＋过	昨天我去了北京。你见了张明和小芳没有?	我去过北京。你见过张明和小芳没有?
					她的脸红了一会儿。	她的脸红过一会儿。
		否定用"没"或"没有"	没＋动	没＋动	昨天我没去北京。	我没去过北京。

续表

比较异同＼助词及例句			了	过	例句	
					了	过
	异	在否定式中	不用“了”	仍用“过”	*我没去了北京。 我们俩买了许多汉语书，但没买词典。	我没去过北京。 玛丽说她还从来没看过京剧呢。
	异	用于动词重叠式	可，动词连用，中间加“了”	不可	他看了看手表。 *他看看了手表。	*他看过看手表。 *他看看过手表。
意义上	同	与过去时间有关	可	可	去年他买了辆汽车。	去年他买过汽车。
意义上	同	与将来时间有关	可	不可	他明天下了课去北京。	*他明天下过课去北京。
意义上	异	用于动词后，表达的意义不同	表示动作完成	表示已有经历	我喝了一瓶啤酒。	我喝过一瓶啤酒。
意义上	异	用于动词后，表达的意义不同	动作可延续至今	动作不延续	哥哥当了经理。	哥哥当过经理。
意义上	异	用于动词后，表达的意义不同	动作有一定结果	未必有结果	她去年学了开汽车。（现在每天开车上班。）	她去年学过开车。（现在她会开/没学会）

表二：“了$_1$”与“过”在用法上的异同

异同	用法	了	过	例句	
				了	过
同	用于动词后，句中有经常、反复性词语	不可	不可	*他经常看了电视。 *雨一直下了一天。	*他经常看过电视。 *雨一直下过一天。
同	用于动词后，带宾语、动量补语	可	可	我刚吃了一只苹果。 他去了一次西安。	我吃过一只苹果。 他去过一次西安。
同	用于连动句、兼语句	可	可	她去书店买了汉语书。 明天中午我们吃了饭才出发，是吗？ 他请我吃了午饭。	她去书店买过汉语书。 明天中午我们吃过饭才出发，是吗？ 他请我吃过午饭。
异	用于存现句	可	一般不可	公司来了个新经理。	？公司来过新经理。
异	动词带宾语时，宾语前的定语	一般要有	不一定有	昨天我买了一本书。 ？昨天我买了书。	昨天我买过一本书。 昨天我买过书。
异	用在非持续动词后＋时量补语	可	一般不可	我的自行车丢了三天了。	*我的自行车丢过三天了。
异	用在关系动词后	不可	可（但较少）	*张明叫了张小明。 *她结婚前姓了刘。	张明叫过张小明。 她结婚前曾姓过刘。
异	用在表认知的动词后	可	不可	我知道了那件事。	*我知道过那件事。

二、“了$_1$”与“着”

“了$_1$”与“着”的区别还是比较明显的，“了$_1$”的详解请见第一单元第六课、第二单元第六课，“着”的详解请见第一单元第七课、第二单元第七课。不过，有两种形式的句子，这两个动态助词都可以使用，请看下面两组句子：

Ⅰ组	Ⅱ组
A 门口站了许多人。	(A) 门口站着许多人。
书包里放了几本书。	书包里放着几本书。
大楼前面的停车场里停了许多汽车。	大楼前面的停车场里停着许多汽车。
B 他关了灯睡觉了。	(B) 他关着灯睡觉了。
我戴了个耳机听音乐。	我戴着个耳机听音乐。

提示

(1) Ⅰ、Ⅱ两组的句子都是正确的。

(2) A和(A)的句子都是存现句，用A“动＋了”的存现句强调出现了某种情况；用(A)“动＋着”的存现句侧重描写出现的持续状态。

(3) B和(B)的句子是连动句，不过表达的意义有所不同：B句中的两动词顺序有先后，而(B)句则强调前一个动词是后一个动词的状态或方式。

(4) 否定时，Ⅰ组句子中不保留“了”，Ⅱ组句中可保留“着”。如：

√书包里没放几本书。　　＊书包里没放了几本书。

√书包里没放着几本书。

√我没戴耳机听音乐。　　＊我没戴了耳机听音乐。

√我没戴着耳机听音乐。

练一练

一、HSK仿真题：在下面的ABCD中选择唯一恰当的答案。

1. 明天我们计划参观______丝绸博物馆再去寒山寺。
A. 着　　B. 了　　C. 去　　D. 到

2. 虽然她还没去______西安，但她对秦始皇兵马俑的情况却很熟悉。
A. 了　　B. 着　　C. 过　　D. 的

3. 昨天我到车站时，看见小芳正在候车室看______书等我呢。
A. 了　　B. 着　　C. 过　　D. 完

4. 在韩国工作的那一年，我曾经去济洲岛出______两次差。
A. 着　　B. 过　　C. 去　　D. 来

5. 小张大学毕业许多年了，可他仍然保留______上大学时记的课堂笔记。
A. 了　　B. 过　　C. 有　　D. 着

6. 大卫已经登______好几次长城了，因为只要有朋友来北京，他就会陪______朋友去登长城。
A. 了；过　　B. 着；了　　C. 过；着　　D. 过；过

二、判断正误，并把有错误的地方改正过来（正确：√；错误：×）。

1. 小红想着想对我说："我觉得冬天去北方看冰雪世界更好。"（　　）

2. 说到小女儿，老李的脸上马上露出了舒心的笑容。（　　）

3. 我真没想到，家里的那棵小树不但还活了，而且长得很高！（　　）

4. 你每个星期天都带孩子去了上海学着钢琴吗？（　　）

5. 妈妈总是吃过晚饭后再去公园散步的。（　　）

6. 你在苏州住了这么多年了，难道还听不懂苏州话吗？（　　）

三、HSK 仿真题：综合填空。

（1—4）

徐平说他上初中时也迷＿（1）＿游戏机，但在父母的帮助下很快改掉＿（2）＿贪玩儿的毛病，并开始按＿（3）＿计划学习各门功课，每天必读语文和英语，打下＿（4）＿很好的文科基础。

1. A. 了	B. 过	C. 着	D. 上
2. A. 了	B. 过	C. 着	D. 下
3. A. 了	B. 过	C. 着	D. 的
4. A. 着	B. 去	C. 过	D. 了

（5—10）

今天，石刚提前一小时到了机场。两年前他就是在这里送小云出国留学的，以后再也没来＿（5）＿。过了一会儿，小云推＿（6）＿行李车来到出口处，石刚一眼就认出＿（7）＿她。因为她几乎没什么变化，仍然留＿（8）＿一头长发，穿着银灰色的套裙。当她发现石刚时马上招＿（9）＿招手，脸上现出＿（10）＿浅浅的微笑。

5. A. 的	B. 了	C. 过	D. 着
6. A. 过	B. 着	C. 推	D. 一下
7. A. 来	B. 过	C. 了	D. 着
8. A. 着	B. 过	C. 有着	D. 了
9. A. 一下	B. 了	C. 的	D. 过
10. A. 的	B. 着	C. 过	D. 了

参考答案

一、1. B　2. C　3. B　4. B　5. D　6. C

二、1. ×，改为"小红想了想对我说"

2. √

3. ×，改为"家里的那棵小树不但还活着"

4. ×，改为"都带孩子去上海学钢琴吗"

5. √

6. √

三、1. B　2. A　3. C　4. D　5. C　6. B　7. C　8. A　9. B　10. D

第三课 $了_2$(2) 啦

试一试

请看下面的句子中是否可以加上语气助词"了"？如果可以，请加到合适的地方。

1. 昨天下午我们去参观历史博物馆。
2. 我来中国半年多，还从来没去过黄山呢。
3. 昨天晚上你吃鱼吗？
4. 你怎么还在宿舍啊？还有五分钟就要上课。
5. 你什么时候看见他们俩的呢？
6. 小黄啊，她最喜欢热闹，今天的晚会怎么会不去呢？

讲一讲

前一单元已讲了语气助词"了"的主要用法，本课主要讲它与否定副词的问题和语气助词"啦"的用法。

一、语气助词"了"与否定副词

下面是常带语气词"了"的陈述句、一般疑问句和正反疑问句：

昨天下午我们去参观历史博物馆了。

我来中国半年多了，还从来没去过黄山呢。

你怎么还在宿舍啊？还有五分钟就要上课了。

小黄啊，她最喜欢热闹了，今天的晚会怎么会不去呢？

昨天晚上你吃鱼了吗？

昨天晚上你吃鱼了没有？

句末带"了"的句子，如表示否定，句末"了"就不能用了。下面的句子是错的：

*昨天晚上我没吃鱼了。

用"有没有"提问的正反问句和否定回答时不能再用"了"。如：

昨天晚上你有没有吃鱼？

昨天晚上我没吃鱼。

用特殊疑问代词问动作的时间、地点或动作者的句子，句末一般不能用"了"。如：

你什么时候看见他们俩的呢？

（句末作为语气助词"的"的用法参见本单元第五课，另见《句型与句式》分册）

*你什么时候看见他们俩了呢？
他在哪儿发现这个包的？
*他在哪儿发现这个包了？
玻璃是谁打破的？
*玻璃是谁打破了？

像下面的两个问句句末分别用了“了”和“的”，表达的意思不一样：

她们怎么去上海了？（问“去”的原因，即为什么去上海了）
她们怎么去上海的？（问“去”的方式，比如坐火车还是坐汽车）

下面的句子句末用了“了”，但它们都是反问句：

谁说要去上海了？（说话者不承认自己说过，即没有人说过）
我哪儿找他了？（说话者不承认找他了，即没有找他）

注意：语气助词“了”可以跟否定副词同时出现在一个句子中，但这类句子一般报告一个新情况，即新发生的变化，并不是“……了”的否定句式。如：

现在他没有汽车了，已经卖了。
阿红不是大学生了，她早就工作了。

下面是语气助词“了”与否定副词“不”“没”“别”一起用的句式：

1. “不＋动词＋（宾语）＋了”。

表示事态出现了变化，大多是原来的计划或状态改变了，出现了新的变化或情况。如：

明天下午不开家长会了。
原来我很喜欢唱歌，可我现在不喜欢唱歌了。
她改名儿了，不叫张美美了，叫张静文了。
这套房子不属于你们公司了。
刚开始演讲时，我很紧张。后来，我一点也不紧张了。
小张不想去泰国旅游了，他改变计划了。
小林受伤了，不能参加足球比赛了。

2. “表示长时间的词语＋没/没有＋动词＋（宾语）＋了”。

表示在相当长的时间里，某个动作一直没有实现。这类句子不表示变化。如：

她好久没有吃妈妈做的菜了。
我很长时间没看见他了。

3. “别/不要＋动词＋（宾语）＋了”。

祈使句式，表示让对方放弃某种行为或提醒、阻止对方（有时可包括说话人）做某事。如：

你不要再抽烟了。
你别忘了明天开会！
明天咱们别去爬山了。
考试时别太紧张了！
晚上不要吃得太饱了。

提示

（1）“不”和句末语气词“了”一起使用的范围较大，可以否定动词（包括行为动词、状态动词甚至是关系动词），也可否定形容词。如有助动词，一定要放在动词前，即“不＋助动词＋动词＋了”的形式。

(2)“没/没有”使用范围较小，只否定行为动词，而且句中一定要有表示一段时间的时间状语，如“好久”“很长时间”“几天”等；没有这类表示时段的词语而只有表示时点的词语，句末不能使用语气助词“了”。请看下面几组句子：

A 我好久没看见他了。　　＊我没看见他了。/＊我昨天没看见他了。

B 他们一个星期没开会了。＊他们没开会了。/＊他们上午八点没开会了。

C 赵小天两天没吃饭了。　＊赵小天没吃饭了。/＊赵小天早上没吃饭了。

(3) 用“别”或“不要”与句末语气词“了”一起使用的句子也比较多，可以否定行为动词，也可以否定部分形容词；一般用于提醒、劝阻或禁止的句子。在“别/不要”与动词或形容词之间，有时可出现“再”“太”“总是”等副词，但一般不能用“很”“非常”这类副词。如：

你别再迟到了。

别再粗心了，否则又要出错了。

你们不要太担心了！　　＊你们不要很担心了！

你别总是开夜车了！　　＊你别非常累了！

(4) 语气助词“了”可以跟否定副词同时出现在一个句子中，表示发生的变化，并不能看作是它的否定句式。如：

现在他没有女朋友了。（可理解为：他以前有女朋友，现在分手了）

阿红不是大学生了。（可理解为：阿红大学毕业了或不读大学了）

二、语气助词“啦”的用法

“啦”(la)是“了”和“啊”的合音，用法与语气助词“了”一样，也可表示肯定和确认语气，但口语色彩更鲜明。如：

我终于把这个问题搞明白啦！

听说你又开新公司啦？

他现在有女朋友啦！

你别再打电脑游戏啦！

另外，列举时，用于并列成分之后，相当于“啊”，常写成“啦”。如：

什么鸡蛋啦、牛奶啦、蛋糕啦、水果啦，这些东西家里从来没缺过。

她的爱好可多啦，唱歌啦、跳舞啦、游泳啦、滑冰啦，她都喜欢。

练一练

一、HSK 仿真题，把(　　)中的语气助词放在适当的位置上。

1. 忙 A 了半天 B，我的电脑 C 终于修好 D。（啦）
2. 我终于 A 打听到那个美国 B 留学生 C 叫什么名字 D。（啦）
3. 近来好 A 吗？好久没有 B 你的消息 C，我很想念你 D。（了）
4. 期末考试快要 A 到了，下周 B 的选修课该 C 不上 D 吧？（了）
5. 听说 A 你最近 B 买了新汽车 C？那辆旧的呢 D？（啦）
6. 她 A 总是说话不算数 B，今天说好 C 请客的，现在又溜走 D！（了）

7. 最近 A 我忙得 B 不得了,10 多天都没好好地睡上 C 一觉 D!(啦)

8. 她不再是 A 我的同事 B,因为她上星期 C 辞职了,我真舍不得她 D!(了)

二、HSK 仿真题:在下面的 ABCD 中选择唯一恰当的答案。

1. 刘大华早就不在我们广告公司上班 ______,他出国留学去了。

A. 的　　B. 呢　　C. 了　　D. 哪

2. 大卫,你快把护照放好,______再弄(nòng)丢了!

A. 还　　B. 又　　C. 就　　D. 别

3. 我整整半个月没游泳______,感觉自己好像又胖______一圈儿呢。

A. 了;的　　B. 过;了　　C. 了;了　　D. 了;啦

4. 千万______再酒后驾车啦!你看,多危险!刚才差点儿就出事情!

A. 不要　　B. 不会　　C. 别要　　D. 没要

5. 别管别人说什么______,只要你自己觉得对,就继续做下去吧。

A. 啦　　B. 呢　　C. 过　　D. 的

6. 虽然顾大山两年前就回国了,不______是我的邻居了,但他经常跟我联系。

A. 曾　　B. 再　　C. 过　　D. 在

7. 今年暑假天气太热了,我不想______,你呢?

A. 去旅行了　　B. 去了旅行　　C. 去旅行过　　D. 去过旅行

8. 她去过很多国家,日本______、美国______等等,有的国家还去了不止一次呢。

A. 了;了　　B. 的;的　　C. 呢;呢　　D. 啦;啦

三、判断正误,并把有错误的地方改正过来(正确:√;错误:×)。

1. 他大学毕业以后,没看见好朋友了。(　　)

2. 别跑了,火车还没进站呢,来得及。(　　)

3. 我们改变计划了,明天去看汽车展览,没去寒山寺了。(　　)

4. 小李昨天忙着写论文呢,哪有了时间看电影?(　　)

5. 小雨最近很忙,好几天没跟家人一起吃饭了。(　　)

6. 我要回国了,不能帮你练习英语口语了。(　　)

7. 老板对她说:"从明天开始,你就不用来上班。"(　　)

8. 今天咱们别吃中餐了,试试日本料理吧。(　　)

四、用(　　)中的词语或句式完成句子。

1. 阿明当上律(lǜ)师了,______________________________。(不……了)

2. 这家饭店的客人太多了,我们换个地方,______________________。(别再……了)

3. 山本同学的进步很大,他的汉语水平______________________。(越来越……了)

4. 时间不早了,图书馆______________________,你快去还书吧。(快要……了)

5. 春天来了,草青了,树绿了,______________________。(已经……了)

6. 一连开了几个夜车,他又累又困,______________________。(终于……了)

7. 这个语法点______________________________,对不对?(早就……了)

8. ______________________________,这样对身体不好。(不要……了)

五、在下文必要的地方填上"了"或"啦"。

北京三里屯(tún)的酒吧一条街很有名__(1)__。听说很多外国人__(2)__、明星__(3)__都喜欢去那里喝上一杯,泡上一会儿。在北京的时候,我经常光顾那里__(4)__。来上海以后，因为人生地不熟的，好久没去酒吧___(5)___！说实话，老朋友不在身边，我也不想去泡吧___(6)___。再说，最近工作太忙___(7)___，整天早出晚归的，觉都不够睡，每天吃过晚饭就想回家睡觉去___(8)___。

参考答案

一、1. D　2. D　3. C　4. D　5. C　6. D　7. D　8. B

二、1. C　2. D　3. C　4. A　5. A　6. B　7. A　8. D

三、1. ×，改为："他大学毕业以后，好久没看见好朋友了。"

2. √

3. ×，改为："我们改变计划了，明天去看汽车展览，不去寒山寺了。"

4. ×，改为："小李昨天忙着写论文呢，哪有时间看电影？"

5. √

6. √

7. ×，改为："老板对她说：'从明天开始，你就不用来上班了。'"

8. √

四、1. 不在学校教书了　2. 别再排队等了

3. 越来越高了　4. 快要下班了

5. 很多花儿都已经开了　6. 终于在开会的时候睡着了

7. 我们早就学过了　8. 不要再抽烟喝酒了

五、1. /　2. 啦

3. 啦　4. /

5. 了/啦　6. 了

7. 了　8. 了

第四课 了$_1$/了$_2$(辨析)

试一试

把两组句子正确搭配起来,并想一想句中“了”的用法是否都一样。

Ⅰ组	Ⅱ组
1. 昨天我在上海	A. 你出去得带上雨伞
2. 通过同学的介绍	B. 她差点儿没认出我来
3. 要下雨了	C. 生活了 10 年了
4. 整整 20 年没见面了	D. 碰到了阿明和他的女朋友
5. 老李已经在美国	E. 他就交上了一个中国朋友
6. 到北京的第一个星期	F. 我终于找到了一份理想的工作

讲一讲

前面已讲过动态助词“了$_1$”(见第一单元第六课、第二单元第六课、第三单元第一课)和语气助词“了$_2$”(见第二单元第一课、第三单元第三课)的基本用法。以上“试一试”中属于“了$_1$”用法的句子是:

昨天我在上海,碰到了阿明和他的女朋友。(1. D)

通过同学的介绍,我终于找到了一份理想的工作。(2. F)

到北京的第一个星期,他就交上了一个中国朋友。(6. E)

属于“了$_2$”用法的是:

要下雨了,你出去得带上雨伞。(3. A)

整整 20 年没见面了,她差点儿没认出我来。(4. B)

老李已经在美国生活了 10 年了。(5. C)

那么,这两个“了”究竟怎样辨别?什么时候必须用,什么时候可以不用或省略呢?本课就来区分一下。具体情况请看下页表格所归纳的内容及下文分析。

序号	意　义		句　式	例　句	了$_1$	了$_2$
1	表示动作完成或实现	已完成	动词＋了$_1$＋(其他)	我昨天买了一辆自行车。	＋	－
		将完成	动词$_1$＋了＋其他＋动词$_2$	他明天下了课去看朋友。	＋	－
		有了结果	动词＋结果补语＋了$_1$	她女儿考上了大学。	＋	○
2	确认事实，表示情况或状态变化（包括将要发生的变化）		句末＋了$_2$	我买自行车了。 下雨了。	－	＋
			名词/数量词＋了$_2$	春天了，花儿都开了。 20 年了，他一直在苏州工作。	－	＋
			快要/该＋动词/形容词＋了$_2$ 太/越来越＋形容词＋了$_2$	姐姐快要回国了。 该回家了。 那里的风景太漂亮了！ 天气越来越热了。	－	＋
3	既表示完成又表示情况或状态的变化		动词＋了$_1$＋宾语＋了$_2$	我买了一辆自行车了。	＋	＋
			动词/形容词＋了$_{1+2}$	春天到了，树叶绿了。		
4	已持续到现在的时间或达到的数量		动词＋了$_1$＋数量词＋了$_2$	他已经在这里住了三年了。 玛丽认识了 500 多个汉字了。	○	＋
5	动作从开始到完成的时间或达到的数量		动词＋了$_1$＋数量词＋其他	她曾经在这里住了三年。 我昨天吃了一个西瓜。	＋	－
6	存现句		时地词语＋动词＋了$_1$……	前面来了几个孩子。 昨天来了一个新同学。	＋	－
7	连动句		动词$_1$＋宾语＋动词$_2$＋了……	昨天他们坐火车去了上海。	＋	○
				昨天他们坐火车去上海了。	○	＋
8	兼语句		请/让/叫＋宾语＋动词＋了	他请我吃了一顿饭。	＋	－
				她叫了很多朋友去他家玩了。	＋	○
9	动词前有助动词		助动词＋动词＋了	我会开汽车了。 ＊ 我会开了汽车。	－	＋
10	否定式		没/没有＋动词	去年他没参加学校的运动会。	－	－
11	否定某情况变化或将出现的变化		没＋动词＋了$_2$	他好久没喝酒了。	－	＋
			别/不＋动词＋了$_2$	别走了。 我不想去海南旅游了。	－	＋

1. 从上表可以看出，“了$_1$”一般用于动词后，表示动作的完成或实现，“了$_2$”用于句末，主要表示情况或状态的变化。

2. 如果动词或动词短语在句中作定语，动词后面一般不用“了$_1$”。请看下面的句子：

√昨天参加足球赛的学生特别多。　　？昨天参加了足球赛的学生特别多。

√我认识的美国朋友是个律师。　　？我认识了的美国朋友是个律师。

3. 如果动词前有副词“才”时，一般不用“了”。如下面的句子是错的：

*他才知道了这件事儿。　　*他才知道这件事儿了。

*我才收到了一封信。　　*我才收到了一封信了。

不过，如果句子前有“直到……”“在……下”这类表示时间条件的状语或小句，动词后可以用“了$_1$”，强调动作有了结果。如：

直到今天，我才认识了王小雨！

直到会议快结束时，我才找到了王教授的那篇论文。

他一遍一遍地检查，最后才发现了几个错别字。

在朋友的帮助下，我才买到了回国的机票。

4. 在兼语句中，“了$_1$”一般在后一个动词后面（参见本单元第三课）。有时“了$_2$”也可用于兼语句，不过，后一动词所带宾语前一般不用定语。如：

√老师叫我们写了一篇作文。

*老师叫我们写一篇作文了。

√老师叫我们写作文了。

5. 当“同意、答应、知道、听说、发现、看见”等动词后带有复杂宾语（小句）时，一般不用加“了$_1$”，加“了$_2$”可表示变化，如不需表示变化可不加“了$_2$”。如：

√他答应了我们的要求。　　？他答应了我们参加游泳比赛。

√他答应我们的要求了。　　√他答应我们参加游泳比赛了。

（原来不答应，现在答应了，句末用“了”表示变化）

6. 另外，表示过去经常性活动时，一般不用“了”（参见本单元第二课）。

练一练

一、HSK 仿真题：把助词“了”放在适当的位置上。

1. 这家鞋店的皮鞋既便宜 A 又新颖 B，我昨天一下子买 C 三双 D。
2. 高大山最近很忙 A，今天又连续 B 工作 C 十多个 D 小时。
3. 去海外旅行 A 的事儿你们决定 B 没有 C？明天就要 D 报名了。
4. 听说 A 她早就想 B 买房子了，也不知道她现在买 C 到 D 没有。
5. 秋天 A，天气不冷 B 也不热，C 舒适 D 极了！
6. 金美子，刚才 A 导游介绍 B 的内容你都听 C 明白 D 吗？

二、把下列句子中多余的或可以省略的“了”画去。

1. 当时王平太小了，还没有上小学了。
2. 听说在你们国家学了说汉语的人越来越多了，是吗？
3. 我的好朋友大学毕业了，最近找到了一份很不错的工作了。
4. 我们公司的产品质量相当好了，去年还打开了欧美市场。
5. 她听到了敲门声，马上跑到了楼下了给我开了门了。

6. 现在,经过两个多月的练习,小红终于会打了乒乓球了。

三、判断正误,并把错误的地方改正过来(正确:√;错误:×)。

1. 今天下午小平看三小时电视了。(　　)
2. 妈妈教会我包饺子、做米饭了。(　　)
3. 现在是4月,天气很好,很舒服了。(　　)
4. 他们说大西瓜好吃,所以我经常买大西瓜了。(　　)
5. 我决定了放春假的时候去杭州玩儿。(　　)
6. 您别忙了,我办公室还有事儿,不能在这儿吃晚饭。(　　)

参考答案

一、1. C　2. C　3. B　4. D　5. A　6. D

二、1. 当时王平太小了,还没有上小学~~了~~。

2. 听说在你们国家学~~了~~说汉语的人越来越多了,是吗?
3. 我的好朋友大学毕业了,最近找到了一份很不错的工作~~了~~。
4. 我们公司的产品质量相当好~~了~~,去年还打开了欧美市场。
5. 她听到~~了~~敲门声,马上跑到~~了~~楼下~~了~~给我开了门~~了~~。
6. 现在,经过两个多月的练习,小红终于会打~~了~~乒乓球了。

三、1. ×,改为:"今天下午小平看了三小时电视。"

2. √
3. ×,改为:"现在是4月,天气很好,很舒服。"
4. ×,改为:"他们说大西瓜好吃,所以我经常买大西瓜。"
5. ×,改为:"我决定放春假的时候去杭州玩儿。"
6. √

第五课 的$_2$ ……的话

试一试

把“的”放在最合适的位置上，并想一想句中的“的”用法是否都一样。

1. 你看 A，那个 B 女孩儿 C 衣服 D 很漂亮。
2. 你 A 喜欢 B 运动 C 是游泳 D 吗？
3. 那家饭店 A 环境 B 怎么样，你 C 知道 D 吗？
4. 你汉语 A 说得那么好 B，口试 C 一定不会有问题 D。
5. 不管 A 你去 B 不去，反正我是 C 要去 D。
6. 他们 A 是 B 什么时候 C 到苏州 D？

讲一讲

一、的$_2$

“的”(de)作结构助词（即“的$_1$”）的用法，在前面第一单元的第一课和第二单元的第三课已经讲过了。上面“试一试”中属于“的$_1$”用法的是前三句，即：那个女孩儿的衣服、你喜欢的运动、那家饭店的环境。

“的”还可作语气助词（即“的$_2$”），上面“试一试”中后三句属于这类用法。

1. 用于“是……的”(1)句式中，强调与已经发生的事件相关的时间、处所或实现事件的方式、受动者、施动者、目的等。其常见结构形式是“是 + 强调的部分 + 动词 +（宾语）+ 的”。如：

这本书是2006年出版的。/他们是什么时候到苏州的？（强调时间）
真子是从日本东京来的。（强调处所）
我们是坐飞机去广州的。（强调工具）
这件衣服是用丝绸做的。（强调材料）
她是跟父母一起登长城的。（强调方式）
盒子里的点心是送给你的。（强调受动者，即接受动作的人）
这个消息是妹妹告诉我的。（强调施动者，即发出动作的人，下同）
不管你去不去，反正我是要去的。
他是为了救孩子才受伤的。（强调目的）

(1) 这类句子陈述的事件都是已经发生的。“是……的”句式中的“是”可以省略，句子意思不变。如：

我们开汽车去的。

他们来找工作的。

(2) 有的句子不用语气助词“的”，意思就会改变（特别是省略“是”的句子），即用“的”确认事情已发生过（如A组），不用“的”则表示事情未发生（如B组）。请比较下面两组句子：

A组	B组
我们骑自行车去公园的。	我们骑自行车去公园。
小华跟朋友一起去上海的。	小华跟朋友一起去上海。
这封信用汉语写的。	这封信用汉语写。

(3) 这类句子的否定形式是“不是……的”，其中“是”“的”都不能省略；如果用“没”否定时，句末不能再用“的”。如：

小华没跟朋友一起去上海。

小华不是跟朋友一起去上海的。（句子否定了“跟朋友”，动作“去”已发生了）

(4) 由于这类句子强调的重点不是事件是否已经发生，而是与已发生事件相关的某个因素（时间、地点、方式、目的、受动者、施动者等），所以，句末的“的”不能换成“了”。下面的句子是错的：

*他们是昨天去西安了。

*小刘是什么时候回国了？

*这事儿是阿木说了。

(5) 另外，“是……的”句中的“的”有时可放在宾语前，如：

他们是昨天去西安的。

他们是昨天去的西安。

（另参见《句型与句式》分册）

2. 用于陈述句句末，加强肯定语气。有两种用法：

其一是“是＋助动词＋动词/形容词＋（宾语）＋的”。如：

我们肯定（是）能找到车站（的）。

你不按时回家，妈妈（是）要着急的。

父亲的身体（是）一定会好起来的。

张老师本来（是）想去北京（的）。可是因为家里有事，只好改变计划了。

你汉语说得那么好，口试（是）一定不会有问题（的）。

(1) 这类句子一般称作“是……的”(2)句式（参见《句型与句式》分册），表示说话人对事情与情况所做的主观推测、判断、看法和愿望，绝大多数是尚未发生的。谓语动词前常有助动词“会、要、能、想、应该”等，并常与“一定”“肯定”等副词一起使用，进一步加强肯定语气。谓语可以是动词、形容词及其各类短语。句中的“是”和“的”有时可以省略，但省略后的句子肯定语气减弱了。

(2) 这类句子的否定用“不”，一般放在“是”后，助词“的”仍保留。如：

放心，他是不会为难你的。

这点儿困难，是难不倒我们的。

她作为校长，是不应该说这种话的。

(3) 有的句子可用“还”“更”“再”“一直”等副词，注意“还”要放在助动词前面（参见第五册第一单元第九课）。如：

她一定还会来北京的。　　　　　＊她一定会还来北京的。

她一定会再来北京的。

其二是“动词＋过＋宾语＋的”。如：

这件事儿我问过老张的。

妈妈年轻时也学过英语的。

他们也犯过错误的。

王经理也当过售货员的。

（1）与句式一不同的是，这类句子不表示推测或看法，而是说话人肯定某个曾经发生的事情或已经存在的情况，即肯定某个事实。句末的“的”也可以省略，意思不变，但肯定语气会减弱。另外，谓语动词前可用“也”“曾经”等副词。

（2）与句式一不同的是，这类句子的否定式用“没”，句末不能再用“的”。如：

王经理没当过售货员。

＊王经理没当过售货员的。

（3）这类句子也可用“是……的”句式表达。如：

这件事儿我是问过老张的。

妈妈年轻时也是学过英语的。

3. 用于口语句式中，强调原因、条件或列举等。请看下表：

用　法	口语句式	例　句
用于句中停顿处	名词＋的，……	大白天的，你怕什么呀？
用于谓词短语后	动词/形容词＋啊＋动词/形容词＋的，……	她们俩一见面就说啊笑的，没完没了。
用于并列词语后，可与“什么的”连用	名词/动词/形容词＋的，……；名词/动词/形容词＋什么的，……；有……的，有……的，……	大的、小的，我都要。 牛奶、面包什么的，每周都要买一些。 西瓜很多，有5斤一个的，也有10斤一个的。

另外，在口语中，表示语气的“的”与“了”可一起用于句末，加强肯定和确认的语气。如：

一双鞋要上千块钱，真够贵的了！

对她来说，没有什么比她儿子更重要的了！

二、……的话

语气助词“……的话”多用于口语中，在表示假设关系的句子末尾。具体地看，主要有两种用法：

1. “如果/假如/要是＋……的话，……”。如：

如果明天下雨的话，我们就不去爬山。

要是他不能来的话，他一定会打电话的。

假如你有困难的话，就告诉我，我一定会帮你。

有时，也可把假设小句放在后面。如：

我也要参加这个会议，如果您同意的话。

这时候该吃早饭了，要是在中国的话。

有时也可不用“如果”等表示假设的连词,只用助词“的话”来表示假设语气。如:

你不能来的话,就事先给我打个电话。

天气好的话,运动会按时举行;天气不好的话,就推迟一周举行。

2. “否则/不/不然/要不然 + ……的话,……”。如:

你最好带上雨伞,不然的话,下雨就麻烦了。

我今天一定不能迟到,否则的话,老板就会开除我的。

要不然的话,你先在这儿看着行李,我找到旅馆再来接你。

这类句子多用来承接上文。除了“否则”以外,“不然”“要不然”“如果不这样”“不……”这几个表示相反条件的连词,一般只用于口语中。

“否则”“不然”和“要不然”后面可直接跟“的话”,但在“不……的话”之间要插入必要的谓词短语才行。请看下面的句子:

早饭你一定要吃,不吃的话,容易得胃病。

*早饭你一定要吃,不的话,容易得胃病。

你马上把烟戒了,不戒的话,我就跟你离婚!

*你马上把烟戒了,不的话,我就跟你离婚!

练一练

一、HSK 仿真题,把(　　)中的词放在适当的位置上。

1. 这些 A 衣服都是 B 妈妈 C 亲手做 D。(的)
2. 如果 A 你愿意 B,你也可以带 C 你的儿子来 D。(的话)
3. 他撒 A 过 B 谎,我再也不相信 C 他 D。(了)
4. 小张是个热心 A 人 B,你向他求助 C,他是不会拒绝 D。(的)
5. 我这个人一向不喜欢 A 花花草草 B,小猫、小狗什么 C,还行 D。(的)
6. 我一定要 A 努力学习、好好生活 B,否则 C,就对不起我的父母 D。(的话)
7. 快点 A! 不然的话 B,你就赶不上 C 末班车 D。(了)
8. 我是 A 在上大 B 学 C 时认识他 D。(的)

二、判断正误,并把错误的地方改正过来(正确:√;错误:×)。

1. 这部分内容我们没学过的。(　　)
2. 无论你选择什么专业,我都会支持的。(　　)
3. 这件事就是我以前跟你提起过了。(　　)
4. 他跟广告公司是去年底签的合同。(　　)
5. 我是上学期选修这门课的。(　　)
6. 你最好什么都吃,不的话,会营养不良的。(　　)
7. 他们这一代人,年轻时也是吃过苦的。(　　)
8. 要想学好汉语只有兴趣是不够了,还得勤学多练。(　　)

三、HSK 仿真题:在下面的 ABCD 中选择唯一恰当的答案。

1. 假如你碰到张大民______,请你转告他明天来取挂号信。

A. 的　　B. 过　　C. 的　　D. 的话

2. 你这辆电动自行车在哪儿买______？颜色、款式都很漂亮，真不错！

A. 了　　B. 呢　　C. 来　　D. 的

3. 这个项目大卫说______算，听他______吧。

A. 的；了　　B. 了；的　　C. 了；了　　D. 过；的

4. 这几年的房价一直在涨，明年一定会______贵______。

A. 再；的　　B. 更；的　　C. 再；了　　D. 更；了

5. 你不好好复习，期末考试会不及格______。

A. 了　　B. 啦　　C. 的　　D. 的话

6. 我正看碟片______，你不想睡______，就跟我一起看______。

A. 的；呢；呢　　B. 呢；的话；吧　　C. 呢；的话；了　　D. 呢；了；了

7. 你光哭是没用______，得赶快想想办法。

A. 的　　B. 了　　C. 啊　　D. 呢

8. 要是你不反对______，我倒是很想带你四处走走、看看______。

A. 的；的　　B. 的话；的　　C. 了；的　　D. 呢；的了

四、用（　　）中的动词和语气助词"的"或"……的话"完成句子。

1. 我以为他______________________________。（不会；婚礼）

2. 他能力很强，______________________________。（一定；这项工作）

3. 这次比赛对手是强了点，______________________________。（能；赢）

4. 警察老是对他______________________，看来他们是怀疑上他了。（查；问）

5. ______________________________，我们班要组织去爬山。（天晴）

6. ______________________________，就当我什么也没说。（相信）

五、用下列句式造句（注意：句式中的"的"是语气助词）。

1. 一定会……的

2. ……的

3. 是……的

4. 要是……的话

5. 不……的话，……

6. ……，否则的话

六、阅读短文，回答问题。

玛丽和杰克都是苏州大学的留学生。杰克是加拿大人，玛丽来自美国。去年9月开学以后，他们俩很快就成了好朋友。听说宁波的男装很有名，上个周末，玛丽还陪杰克乘汽车去了那里。他们逛了很多男装店。最后杰克买了一件全棉T恤，一套全毛西服，它们都是中国的名牌产品。杰克很开心，觉得这些衣服又好又便宜。

回答问题（请用"是＋强调的部分＋动词＋宾语＋的"句式）：

1. 杰克和玛丽在哪儿认识的？______________________

2. 他们什么时候去宁波的？______________________

3. 他们怎么去的宁波？______________________

4. T恤是什么质地的？西服呢？______________________

5. 他们为什么去宁波？______________________

6. 这些衣服是谁买的？______________________

参考答案

一、1. D 2. B 3. D 4. D 5. C 6. C 7. D 8. D

二、1. ×,去掉"的"

2. √

3. ×,改"了"为"的"

4. √

5. √

6. ×,"不的话"改为"不然的话"或者"不这样的话"。

7. √

8. ×,改"了"为"的"

三、1. D 2. D 3. B 4. B 5. C 6. B 7. A 8. B

四、1. 不会去参加前女友的婚礼的

2. 一定能胜任这项工作的

3. 可我相信你肯定能赢的

4. 查啊问的

5. 这个周末如果天晴的话

6. 你要是不相信的话

五、1. 不久的将来,我们一定会再见面的。

2. 这部电影是老片子,我以前看过的。

3. 这款发型是今年最流行的。

4. 要是你没空的话,我们改天再见面吧。

5. 你不着急的话,就再等等吧。

6. 我今天实在是忙得不可开交,否则的话,我也不会这么晚还没吃饭。

六、1. 他们是在苏州大学认识的。

2. 他们是上个周末去宁波的。

3. 他们是乘汽车去的宁波。

4. T 恤是全棉的,西服是全毛的。

5. 他们是为买男装去宁波的。

6. 是杰克买的。

第六课 了$_2$/的$_2$(辨析)

试一试

判断正误,并把有错误的地方改正过来(正确:√;错误:×)。

1. 上个月妈妈带她去法国旅游了,不是去留学的。(　　)
2. 刚来苏州一个星期,山本已经结交好几个朋友了。(　　)
3. 时间过得真快,已经5月了,炎热的夏天快要到的。(　　)
4. 我和真子小姐是在日本的东京认识了。(　　)
5. 别看她只是个小学生,但她已经能用英语写信了。(　　)
6. 你的汉语学得很不错,我相信你一定会顺利通过这次考试的。(　　)

讲一讲

前面第二单元的第一课和本单元的第三、第五课已经讲了语气助词"了"和"的"(即"了$_2$""的$_2$")的主要用法。以上"试一试"中2、5、6三句都是正确的。其他几句都是错的:

*上个月妈妈带她去法国旅游了,不是去留学的。
上个月妈妈是带她去法国旅游的,不是去留学的。
("是……的"与后面"不是……的"相对,说明动作的目的)

*我和真子小姐是在日本的东京认识了。
我和真子小姐是在日本的东京认识的。
("是……的"强调动作发生的地点)

*时间过得真快,已经5月了,炎热的夏天快要到的。
时间过得真快,已经5月了,炎热的夏天快要到了。
("快要……了"是一固定句式,表示即将出现一个新情况)

表示语气的"了"与"的"都可以放在句末,形式上相似,但意义和用法有所不同,本课主要辨析一下这方面的内容。

1. 都可用于陈述句句末,句子都和过去已发生的事件有关,但强调重点不一样。

A组:陈述句+了		作用	B组:陈述句+的		作用
肯定句	我昨天去上海了。	某个事件已经发生	肯定句	我(是)昨天去上海的。	强调时间
	他在北京遇到老朋友了。			他(是)在北京遇到老朋友的。	强调地点
	玛丽帮我把门打开了。			(是)玛丽帮我把门打开的。	强调施动者

续表

A组:陈述句+了		作用	B组:陈述句+的		作用
否定句	我昨天没去上海。(句末不用“了”)	某个事件没有发生	否定句	我不是昨天去上海的。(句末仍用“的”)	否定时间,但事件已发生

从上表可知:

B组句实际上是“是……的(1)”句的一种省略形式,A组句中不可像B组那样用“是”。下面的句子都是错的:

* 我是昨天去上海了。
* 他是在北京遇到老朋友了。
* 是玛丽帮我把门打开了。

B组句中的“的”可以放在动词后、宾语前,回答的问题不是动作本身而是和动作相关的因素(时间、地点、方式、施动者或受动者等)。句子可独立存在。如:

我昨天去的上海。(回答“什么时候去的上海?”的问题)

他在北京遇到的老朋友。(回答“在哪儿遇到的老朋友?”的问题)

玛丽帮我打开的门。(回答“谁帮我打开的门?”的问题)

A组句中的“了”如果放在动词后、宾语前,回答的问题是关于动作本身的,这时,话往往还没有说完,后面一般还要有句子说明接着发生了什么。如:

我昨天去了上海,在南京路买了很多东西。(回答“昨天做了什么?”的问题)

他在北京遇到了老朋友,两人都高兴极了。(回答“在北京发生了什么?”的问题)

玛丽帮我打开了门,我终于可以进屋休息了。(回答“玛丽帮我做了什么”的问题)

提示

(1) 在连动句中,语气助词“的”可放在句末,也可放在第二个动词后、宾语前,句子表示的意思有些不同,但一般不能放在第一个动词后。请看下面的句子:

√我朋友昨天开车去南京的。(强调动作方式是“开车”)

√我的朋友昨天开车去的南京。

* 我的朋友昨天开的车去南京。

(2) 在连动句中,语气助词“$了_2$”一般放在句末,报告一个新信息。如放在第二个动词之后,则是“$了_1$”,强调动作的完成。第一个动词之后同样不能用“了”。如:

√我朋友昨天开车去南京了。($了_2$)(把整句作为新信息:我朋友现在不在这儿)

√我的朋友昨天开车去了南京。($了_1$)(强调“已经去了”)

* 我的朋友昨天开了车去南京。

(3) “$了_2$”可与否定副词“不”“没”前后呼应,表示变化,“$的_2$”没有这种用法。下面的句末都只能用“了”。如:

马克不能参加比赛了。(原来能参加,现在变了)

冰箱里没有啤酒了。(原来有,现在没了)

你别再考虑这个问题了。(中止考虑,要求变化)

2. 都可用于陈述句句末,句子都和将来要发生的事件有关,但强调的重点不同。

A组:陈述句+了	作用	B组:陈述句+的	作用
我姐姐快要回国了。 哥哥明年就要毕业了。	句子主要表示报告将要出现的新情况	我姐姐(是)一定要回国的。 (用"是"可加强肯定语气,下同)	强调动作者的主观意志
5点了,天马上就要亮了。 咱们快成功了。		5点了,天马上就会亮的。 咱们(是)一定能成功的。 你明天不可以再迟到的。 这事儿我是不能不做的。	表示主观估计、看法或态度
小林今天不会来了。 我不想去游泳了。	情况发生了变化	小林今天(是)不会来的。 我本来不想去游泳的,他非让我去,只好去了。	表示主观估计或打算

A组句常用"要……了""快要……了""就要……了"这类句式,报告将要出现的新情况。"不会/能/想……了"句式,一般都表示与原来的情况相比,发生了新变化。

这一部分B组句末的"的"句实际上是"是……的(2)"的省略(表示主观估计、看法)。

练一练

一、HSK仿真题:把(　　)中的词语放在适当的位置上。

1. 你们A是什么B时候到达上海浦东国际C机场D?(的)
2. 十天A以前他就从美国回B来C,你难道不知道D吗?(了)
3. 如果今天完不成A这篇论文B,我就不能C参加广州的学术会议D。(了)
4. 昨天晚上我回A到家B的时候C,我女儿早就睡着D。(了)
5. 只要你A按照这个办法去做B,就一定能成功C,相信我D!(的)
6. 这些A是马老师让我查B关于C大气污染问题的资料D。(的)

二、HSK仿真题:在下面的ABCD中选择唯一恰当的答案。

1. 你已经报名去那个学校留学,有关资料他们应该会寄给你______,不用担心。

A. 了　　B. 的　　C. 吧　　D. 呢

2. 昨天下午你到底去哪儿______? 小黄到处找你,可都没找到。

A. 吗　　B. 呢　　C. 呗　　D. 了

3. 只要你尽力______,即使没做好,我也不会怪你______。

A. 的;的　　B. 的;了　　C 了;了　　D. 了;的

4. 我知道他已经好多年没吃小笼包______,所以我给他买了很多。

A. 啊　　B. 了　　C. 的　　D. 的话

5. 我劝你别再开夜车______,这几天你每天只睡四五个小时,身体会累坏______。

A. 了;的　　B. 的;了　　C. 了;了　　D. 的;的

6. 快上火车时,她才发现火车票不见______,真把她急坏______!

A. 的;的　　B. 了;了　　C. 的;了　　D. 了;的

三、用(　　)中的词语和语气助词"的"或"了"完成句子。

1. 听说张小伟改变主意了,他________________________________。(想;参加)
2. 戴先生是到中国以后才________________________________。(开始;学习)
3. 她____________________,但她特别注意打扮,所以显得很年轻。(虽然;50岁)

4. 周华健的歌儿________________________，我几乎每天都要听。（实在；好听）

5. ________________________________，所以她最近特别忙。（因为；快要）

6. 请您尽管放心，________________________________。（一定；帮）

四、HSK 仿真题：找出下面句子中有错误的一部分，并改正过来。

1. 小红说了，她是中学生了，以后要自己去学校，不要妈妈接送的。

   A　B　C　D

2. 我和我的同龄人上了大学以后，才开始学习英语了，听说能力不是很好。

   A　B　C　D

3. 谁叫你这么不小心的？你该知道下雨天路滑，是不能骑快车。

   A　B　C　D

4. 7:30 了，你要是还不起床的话，今天上午的第一节课，你一定会迟到了。

   A　B　C　D

5. 今天周末，去游泳的人一定很多，我们就别去游泳的，去踢足球吧。

   A　B　C　D

6. 你看，这些都是新书，是我在北京出差时买了，今天刚从邮局取来。

   A　B　C　D

参考答案

一、1. D　2. C　3. D　4. D　5. C　6. B

二、1. B　2. D　3. D　4. B　5. A　6. B

三、1. 不想参加汉语演讲比赛了　2. 开始学习汉语的
3. 虽然已经 50 岁了　4. 实在太好听了
5. 因为学期快要结束了　6. 一定会帮您找到钥匙的

四、1. D，改为“不要妈妈接送了”　2. C，改为“才开始学习英语的”
3. D，改为“是不能骑快车的”　4. D，改为“你一定会迟到的”
5. C，改为“我们就别去游泳了”　6. C，改为“是我在北京出差时买的”

第七课 等来[1]

试一试

选词填空。

的　等　等等　什么的

1. 周末可做的事多着呢，比如看书、听音乐、上网聊天（　　），都是我爱做的事儿。
2. 学习外语就要注重提高听、说、读、写、译（　　）五种能力。
3. 附近就有一个大超市，里面吃（　　）、喝（　　）、用（　　）什么都有，非常方便。
4. 张大民的桌子上堆着书、杂志、茶杯、烟灰缸、水果（　　），乱极了！

讲一讲

助词

一、等

“等”（děng）有名词、动词和助词的用法，本课讲它的助词用法。

助词“等”一般用于书面语中，主要有两种用法：

1. 用在两个或两个以上的并列词语后，表示列举的还没说完。如：

　　香蕉、苹果和西瓜等都是我喜欢吃的水果。

　　她选修的课很多，有书法、绘画、中国历史、中国现代文学等。

　　来中国以后，比利已经去过北京、上海、西安、昆明等许多地方。

　　除了游泳以外，他还喜欢滑雪、踢足球等运动项目。

2. 用在两个及以上的并列词语或短语后，表示列举结束，后面往往带有前列各项总计数量的短语。如：

　　这个学期我只上高级口语、英汉翻译和论文写作等三门课。

　　中国古代就有印刷术、指南针、火药和造纸术等四大发明。

　　学习外语就要注重提高听、说、读、写、译等五种能力。

此外，助词“等”还可用在人称名词或代词后面，表示复数。如“我等都是难得的人才。”这种用法多见于古代白话小说及仿古作品。

在第一种用法中，当列举的短语在句末时，既可用“等”，也可用“等等”。如：

　　她选修的课很多，有书法、绘画、中国历史、中国现代文学等等。

　　每个学期学院都要举办一些学生活动，比如演讲比赛、作文比赛、摄影展览等等。

　　周末可做的事多着呢，比如看书、听音乐、上网聊天等等，都是我爱做的事儿。

当所列的短语在句中(后面还有被修饰的词语或谓语)时,一般只用"等"。下面的句子都是错的:

*中国有黄山、泰山、华山等等许多有名的山。

*这家旅行社还提供车站接送、代订车票和安排住宿等等三种服务。

第一种用法中"等"在表示列举时,常与"有""比如""包括"等动词或"都""许多""一些"表示数量多的词语一起使用。列举的词语之间要用顿号(、)隔开,如果用连词"和",一般只用在最后两个列举的词语之间。

提示

"的""等""等等""什么的"的区别

助词"的""等"和"什么的"都可表示列举,但有所不同:

(1)"的"一般用于口语,在较常用的单音节动词、形容词或谓词短语之后,构成几个并列的"的"字结构,以这种并列形式表示列举,单个的"的"本身并不表示列举(另请参见本册第二单元第三课)。如:

附近就有一个大超市,里面吃的、喝的、用的什么都有,非常方便。

老年活动室里唱歌的、跳舞的、下棋的、聊天的,干什么的都有。

花园里有红的、白的、粉的、黄的各种各样的花,漂亮极了。

从上面的例句可知,并列的"的"字结构之后常带"什么都……"之类表示任指的短语,或"各种各样"表示概括的词语加以总括。

(2)"什么的"可以表示列举,一般接在并列的名词或动词短语之后,后面无须再接别的词语加以总括。如:

昨天马克去超市买了面包、牛奶、方便面什么的。

上个周末我没出门,就在家听听音乐、上上网、打扫打扫房间什么的。

(3)"等"或"等等"有时可与"什么的"互换,但也有不同:

①"等"或"等等"多用于书面语、较正式的场合;"什么的"一般用于口语、非正式场合。

包里有小学课本、作业本和文具盒什么的(等等),一看就知道这个包是小学生的。

张大民的桌子上堆着书、杂志、茶杯、烟灰缸、水果什么的,乱极了!

如下面一例是比较正式的场合,句末"什么的"换作"等"或"等等"才比较合适。

?出席这个会议的有各方面的领导、专家、顾问和技术人员什么的。

√出席这个会议的有各方面的领导、专家和顾问等等。

②"等""等等"前面所列举的一般都是确定的、属于同类的并列项;而"什么的"前面所列举的可以是已确定的、同类的并列项,也可以是不确定的、不同属一类的并列项。

③当所列短语后还有其他成分时,只能用"等",不能用"等等"或"什么的",下面的句子是错的:

*中国现有北京、天津、上海、重庆等等四个直辖市。

*暑假我去看望了小李、小王和小赵什么的几位好朋友。

二、来

"来"有动词和助词的用法,作助词时又可作语气助词(下称作"$来_1$")和动态助词(下称作"$来_2$"),本课讲"$来_1$"。作语气助词的"来",主要与数词、量词一起使用,表示一个概数。

多用于口语。具体用法主要有下面两种：

1. 用在“十、百、千”等数词后、量词前，表示概数。其常见结构形式是“数词 + 来 + 量词 +（其他）”。如：

这所乡村小学只剩下二十来个学生了。

听说苏州城内有一百来个园林呢。

参加这次会议的代表一共有三百六十来位。

（1）用助词“来”表示的概数可比所用的数字稍大或稍少，因而“来”前一般是“十、百、千”等数词，不能在用小于十的个数词之后。如：

玛丽今年二十来岁。　　　　　　＊玛丽今年二十一来岁。

这家旅馆只有十来个房间。　　　＊这家旅馆只有八来个房间。

（2）已表示概数（如下面的“上千”和“七八十”）的数词之后，一般不再用“来”。如：

上千人参加了这次庆祝活动。　　？上千来人参加了这次庆祝活动。

我们店今天卖出七八十只手机。　？我们店今天卖出七八十来只手机。

2. 与表示度量单位的量词（公斤、斤、米、公里、里等）一起用，基本用法是：“数词（十、百、千）+ 来 + 量词”“小于十的数量词 + 来 + 形容词（重、高、长）”“小于十的数量词 + 来 + 名词（地）”。如：

这个西瓜有二十来斤。

这个西瓜只有八斤来重。

那些树都有两米来高了。

从这村到那村大概有三里来地。

下面的句子都是错的：

＊这个西瓜只有八斤来。

＊这个西瓜有二十三来斤。

当这类用法中的数字是十时，“来”可放在量词前，也可放在量词后，但意思不同。如：

十来斤重（比十斤多或少一两斤）

十斤来重（比十斤多或少几两）

提示

除了“来”以外，“多”“左右”“上下”“前后”等词语，也可表示不确定的数量、年龄或时间，但用法有别。请看下表：

用法/区别	例句	（　）内是否可用下列词语				
		来	多	左右	上下	前后
数词 +（　）+ 量词	他二十（　）岁。	+	+	−	−	−
数词 + 量词 +（　）	他二十岁（　）。	−	−	+	+	−
	这个西瓜八斤（　）。	−	+	+	+	−
数词 + 量词 +（　）+ 形容词	这个西瓜八斤（　）重。	+	+	−	−	−
表示时点的名词及短语 + 量词 +（　）+ 其他	她下午三点（　）到苏州。	−	+	+	−	+
数词 + 量词 +（　）+ 时间名词	大卫有一个（　）月没上班了。	+	+	−	−	−

续表

用法/区别	例句	(　)内是否可用下列词语				
		来	多	左右	上下	前后
表示时段的名词及短语 +……(　) + 动词 + 时间量词(一段时间范围之内)	这个假期他(　　)休息了一星期。	–	–	–	–	+
表示时点的名词及短语 +(　)	中秋节(　　)才有鲜肉月饼。	–	–	–	–	+
词性		助词	形容词	方位名词		

从上表可知,“来”不能表示时间钟点方面的概数。“多”虽然和“来”用法相近,但“多”却可以表示时点或时段的概数(三点多、一个多星期)。表示度量的数量词后面带“多”可以,带“来”则不行。“左右、上下、前后”的用法和“来”没有相似之处。它们之间的区别详见《名词与形容词》分册中“左右、上下、前后”的辨析。

3. 用在“一、二、三”等序数词后面,表示列举解释原因、理由或目的。多用于解说复句中。其常用结构形式是“……一来……,二来……”。如:

我这次来苏州,一来陪家人游览园林,二来看看老朋友。

他说学好汉语的话,一来可以看懂自己喜欢的《三国演义》,二来可以帮助在上海开公司的父亲,三来可以跟中国女朋友更好地沟通。

练一练

一、HSK 仿真题:把助词“等”“等等”或“来”放在适当的位置上。

1. 我国是一个多 A 民族的国家 B,共有汉族、回族、满族、苗族 C 五十六个民族 D。
2. 我们学校的 A 韩国留学生 B 最多 C,有三百 D 个呢。
3. 这封信只有 10 克 A 重 B,不会 C 超重的 D。
4. 小张,刚才 A 有个二十 B 岁 C 的小伙子找 D 你来着。
5. 中国的九寨沟、丽江、桂林 A 地方 B 都因自然景观 C 秀美 D 而闻名。
6. 太湖“三白”A 是指 B 白鱼、白虾 C 和银鱼 D 三种水产品。
7. 提高汉语水平的途径很多 A,读报纸啦、看电视啦、和朋友聊天啦 B,C 都是不错的选择 D。
8. 三楼的那个 A 教室比较大,可以坐 B 三十 C 个人 D。

二、HSK 仿真题:在下面 ABCD 中选择唯一正确的填入空中。

1. 请你们一定要把自己的护照、现金、照相机______贵重物品保管好。
A. 的　　B. 等　　C. 等等　　D. 来
2. 我觉得那个会议室很大,大概有两百______个座位呢。
A. 左右　　B. 前后　　C. 上下　　D. 来
3. 这家理发店晚上十一点______钟才关门呢。
A. 左右　　B. 上下　　C. 来　　D. 前后
4. 这样做,一______可以节约时间,二来也能省下一笔费用,真是一举两得啊。

A. 等　　　B. 来　　　C. 个　　　D. 能

5. 他干什么工作都干不长，一年______换了四五份工作了。

A. 上下　　　B. 前后　　　C. 左右　　　D. 来

6. 爷爷年纪大了，走了一里______地就走不动了。

A. 来　　　B. 上下　　　C. 前后　　　D. 左右

7. 这三年来，他曾多次来到中国学习汉语，______共计九个多月。

A. 等等　　　B. 上下　　　C. 左右　　　D. 前后

8. 玛丽跳了一年______健美操，体重已经减了十______斤了。

A. 来；多　　　B. 多；上下　　　C. 多；左右　　　D. 多；来

三、HSK 仿真题：找出下面句子中有错误的一部分，并改正过来。

1. 吃饭时，大家都要了饮料，除了可口可乐以外，还要了苹果汁、雪碧、橙汁等等三种饮料。
A　B　C　D

2. 上海我是老去的，半年来，已经去了十多来次了。我不想再去了。
A　C　C　D

3. 这个展览厅可容纳两百左右人。我们参观团只有百十来人，为什么不能一次都进去，非要分三批呢？
A　B　C　D

4. 黄山是中国著名的风景区，黄山的云海、温泉等等被称为"黄山四绝"。去黄山玩，险峰、云海等地是不能不看的。
A　B　C　D

5. 她虽然已经三十多了，但是看起来却只有二十来的样子，一来她皮肤好，二来也会打扮。
A　B　C　D

6. 来中国以后，阿里学会用汉语写信了，他知道，汉语书信一般由称呼、问候、正文、结尾、署名什么的几个部分组成。
A　B　C　D

四、用(　　)中的动词完成下列对话(提示：这里的"等""来"都是助词)。

1. A：你猜猜看，这个行李有多重？
B：我猜大概有________________________。(来；公斤)

2. A：昨天你去超市都买了些什么东西？
B：________________________。(等；食物)

3. A：你都去过中国的哪些地方？
B：________________________。(历史文化名城；等等)

4. A:你怎么不请个阿姨帮你做做家务?

B:________________________________。(一来;二来)

5. A:最近图书馆里好像人特别多啊。

B:可不是吗,________________________________。(考试;前后)

6. A:你拎拎,这个西瓜好重啊!

B:是啊,________________________________吧。(该;上下)

7. A:你明天什么时候比较方便?我想找你有点事情。

B:________________________________吧。(左右)

8. A:李小红的爸爸退休了吗?

B:还早着呢,他才________________________________。(多;岁)

五、选词填空(了;呢;的;的话;等等;来;左右)。

丁小雨是个地道的苏州姑娘,可她并不喜欢又甜又糯(nuò)的苏帮菜,倒是对又麻又辣的四川菜情有独钟。什么麻辣豆腐、辣子鸡、尖椒牛柳、川江鱼A(　　),都是她喜欢吃的。每次和朋友吃饭,如果有可能B(　　),她总是首选川菜。还老是跟服务员说:“我最喜欢川菜C(　　)!越辣越好!”真是不但不怕辣,而且还怕不辣。市内的十D(　　)家川菜馆没有哪家是她不熟悉E(　　)。这不,昨晚七点F(　　)我们通电话的时候,她就在一家川菜馆吃得正香G(　　)。她一边津津有味地吃着,一边还迫不及待地说有好消息要告诉我。原来,又有一家新的川菜馆开张H(　　)。

参考答案

一、1. C等　2. D来　3. A来　4. B来　5. A等　6. D等　7. B等/等等　8. C来

二、1. B　2. D　3. C　4. B　5. D　6. A　7. D　8. D

三、1. D,改为“还要了苹果汁、雪碧、橙汁等三种饮料”

2. C,改为“已经去了十多次了”或者:“已经去了十来次了”

3. A,改为“这个展览厅可容纳两百人左右”或者:“这个展览厅可容纳两百来人”

4. B,改为“黄山的云海、温泉等被称为‘黄山四绝’”

5. B,改为“但是看起来却只有二十来岁的样子”

6. D,改为“汉语书信一般由称呼、问候、正文、结尾、署名等几个部分组成”

四、1. 十来公斤吧

2. 牛奶、面包等食物

3. 我去过中国的一些历史文化名城,比如北京、洛阳、西安等等

4. 一来我们家的家务活并不太多;二来我也想给自己一个锻炼的机会

5. 考试前后同学们总是很努力的,谁也不想挂红灯

6. 该有十斤上下

7. 下午三点左右

8. 四十多岁

五、A. 等等　B. 的话　C. 了　D. 来　E. 的　F. 左右　G. 呢　H. 了

第八课 呢$_2$ 着呢 来着 来的 来$_2$

试一试

把(　　)中的词放在适当的位置上。

1. 现在 A 雨下得大 B,我们 C 等一会儿再出去 D 吧。(着呢)
2. A 这句话 B 用 C 英语怎么说 D?(来)
3. A 那个高个子 B 留学生叫 C 什么 D?(来着)
4. 你最好 A 别去 B 找她 C,她现在上课 D。(呢)

讲一讲

前面已学过语气助词的"呢$_1$""来$_1$"的用法,本课讲它们作动态助词即"呢$_2$""来$_2$"的用法。在第一、第二单元里,我们学过的动态助词"着""了""过"一般都用在动词或形容词后面,表示某种语法意义。不过,"呢$_2$""着呢""来$_2$"及"来着"用作动态助词时,有些不同。下面就分别来讲解。

一、呢$_2$

作为助词,"呢"更多的时候用作语气助词(参见第一单元第四课、第二单元第二课),作动态助词的"呢"主要用在陈述句句末,常跟"正、在、正在"或"着"搭配使用,表示动作进行或情况的持续。其常见结构形式是"正(在)+动词/形容词+(着)呢"。如:

你最好别去找她,她现在上课呢。
我们在讨论问题呢。
小李正打电话呢。
孩子们正在做游戏呢。
妈妈正洗着衣服呢。
今天的考试没考好,她现在正烦着呢。

1. 在动词谓语句中,"动词+(宾语)+呢"主要表动作持续,其中动词如果不受副词"正、正在、在"修饰,句末的动态助词"呢"不可缺少,否则句义有变。如:

同学们读课文呢。(表示正在读)
同学们读课文。(一般陈述,不表示正在读)

如果强调动作的持续,这类句中的动词后可带助词"着",如果动词带宾语,"着"一定要放在动词和宾语之间,即构成"动词+着+宾语+呢"句式。离合动词也是如此。如:

孩子们玩着呢。　　＊孩子们玩游戏着呢。

她正在包着呢。/她正在包着饺子呢。　　＊她正在包饺子着呢。

老马的儿子还睡着觉呢。　　＊老马的儿子还睡觉着呢。

2. 在形容词谓语句中，只在句末加“呢”，一般不能表示状态的持续。如下面的句子是错的：

＊她漂亮呢。

＊老人累呢。

如形容词前用“可、才”等副词，说明形容词所表示的状态并略带夸张语气，“呢”是语气词。如：

她可漂亮呢。

我工作才累呢。

只有“忙”“紧张”“高兴”“激动”“努力”（多表示心理活动）等少数形容词前面可同时用“正”或“在”，但不能用“正在”。这时，“呢”用作动态助词。如：

我忙着呢，哪有时间跟你聊天儿啊？

马上就要考大学了，老牛的儿子正紧张着呢。

小狗丢了三天了，黄爱平还在难过着呢！

下面的句子是错的：

＊李阿姨买到了便宜的电扇，正在高兴着呢。

另外，“主要”“基本”“长期”等非谓形容词不能与动态助词“呢”一起使用。

3. 动态助词“呢”不能与“来”“去”“离开”“出发”“记得”“知道”等非持续性动词一起使用。如下面的句子是错的：

＊旅客正出发着呢。

＊我们在毕业呢。

＊他正在遇见老朋友呢。

二、着呢

助词“着呢”主要用于形容词谓语句句末，表示强调语气，多用于口语。其常见结构形式是“形容词＋着呢”。如：

老李的女儿漂亮着呢。（和“可漂亮呢”的语气很接近，以下例句类推）

这些文件重要着呢。

以后的路长着呢，怎么现在就想放弃了？

别看这个男孩子长得又小又瘦，他的力气大着呢。

现在雨下得大着呢，我们等一会儿再出去吧。

“着呢”可用于许多形容词之后，表示肯定某种性质或状态，略有夸张意味，强调程度深。因此，形容词前后都不能再带程度副词或补语，也不能用于否定句。如下面的句子是错的：

＊最近一个时期，刘老师非常忙着呢。（应去掉“非常”）

＊看到久别重逢的老朋友，她高兴极了着呢！（应去掉“极了”）

＊最近姐姐没什么事，不紧张着呢。（应去掉“不”）

三、来着

“来着”，助词，用于句末，表示曾经发生过什么事情。用于口语。

1. 用于特指疑问句句末，询问不久前已发生过的事情，或曾经知道、但一时想不起来的事情。常用于口语中，使用范围比较广泛。如：

你昨天都干什么来着？

老师让我们星期几交作文来着？

阿木的电话号码是多少来着？

那个高个子留学生叫什么来着？

2. 用于陈述句末尾，说明已发生过的事情。如：

昨天晚上我给你打电话来着。

刚才我还看见她在这儿玩儿来着。

我记得这句话牛顿也说过来着。

3. 用于表示提醒、劝阻或禁止的祈使句句末，这类句中充当宾语的往往是表示曾经发生过某事的小句，"来着"主要在这类小句中起作用。如：

别告诉她我去酒吧喝酒来着。

不要让妈妈知道我生病来着。

别忘了你答应送我什么礼物来着！

提示

"来着"与"了"的语法意义是相互排斥的，因此，用动态助词"来着"的句子，动词后不能再用"了"，但有时可以跟"着"或"过"。需要注意的是这时的动词前一般有状语或询问时间、地点的疑问代词。如：

老王前天还在门口等着孩子回家来着。

这个人我好像在哪儿见过来着？

比尔什么时候去过北京来着？

四、来的

"来的"也可作动态助词，跟"来着"的第一种用法一样，但没有"来着"的另两种用法。如：

早上出门时，妈妈怎么嘱咐你来的？

老板叫我们下午两点在哪儿等他来的？

五、来$_2$

"来"也可作动态助词，跟"来着"的第一种用法一样，但没有"来着"的另两种用法。这是近代汉语或现代一部分汉语方言的用法。如：

哎，小李，那个美国学生叫什么名字来？

老高的女儿在哪儿读书来？我一下子想不起来了。

上次运动会你参加的是什么项目来？

这句话用英语怎么说来？

提示

"来着"与"过"的区别

(1) 在句中的位置不同。

"来着"只用于句末，陈述句中是肯定全句的语气；"过"用于动词后，表示动作的时间范晦。如：

刚才王老师找你来着。

刚才王老师找过你。

(2) 适用的句式不同。

在否定句中"来着"只用于已发生的事情，没有否定形式；但"过"可以用于已发生的，也可用于没有发生的事情，所以有否定形式。如：

* 去年我没去北京来着。

去年我没去过北京。

在疑问句中，因为"来着"是用于询问不久前已发生过的事情，或曾经知道、但一时想不起来的事情。即说话者用"来着"，说明他对所问之事不是一无所知，因此"来着"只能用于有"谁""什么"的特指疑问句，不用于一般疑问句，也极少用于正反问句；但"过"没有这样的限制，可以用于各类疑问句。如：

他刚才说什么来着？	他刚才说过什么？
谁教你英语口语来着？	谁教过你英语口语？
* 她当汉语老师来着吗？	她当过汉语老师吗？
* 小王打电话没有来着？	小王打过电话没有？

用"来着"的句子，谓语动词不能用动结式、动趋式，动词前也不能有状态修饰语。"过"不受此限制。请比较下面两组句子：

A 组	B 组
他喝茶来着。	他喝过茶。
* 箱子他打开来着。	箱子他打开过。
* 他跳下去来着。	他跳下去过。
* 李老师的话大卫认真地考虑来着。	李老师的话大卫认真地考虑过。

练一练

一、在下列句子的(　　)中填上适当的助词(呢、来着、着呢、来、过)。

1. 今天下午的书法课在哪个教室上(　　)？
2. 你在苏州留学的时候难道没去(　　)寒山寺？
3. 今天过节，大街上热闹(　　)！
4. 那本杂志我看完后就放在这儿(　　)，怎么一转眼不见了？
5. 请等一下好么？李老师正上课(　　)。
6. 别告诉她我下班后还在快餐店打工(　　)。
7. 他正吃着饭(　　)，电话铃响了。
8. 看样子，他这次病得不轻，还在医院里躺着(　　)。

二、HSK 仿真题：在下面的 ABCD 中选择唯一恰当的答案。

1. 对不起，我昨天晚上出去看电影______，不在家，所以没接到你的电话。

　A. 来了　　B. 来着　　C. 过　　D. 呢

2. 这两天你姐姐忙______，没事少找她。

A. 吧　　B. 着呢　　C. 来着　　D. 的

3. 别告诉她今天下午我去游泳______。

A. 来　　B. 着　　C. 着呢　　D. 来着

4. 刚才电视里说什么______?

A. 吧　　B. 来着　　C. 吗　　D. 过

5. 别看他是美国人,他汉语说得棒__________。

A. 吧　　B. 着呢　　C. 吗　　D. 的

6. 她昨天比赛失手______,烦______,一个人在家看电视______。

A. 了;着呢;呢　　B. 过;吗;嘛　　C. 来;呢;吧　　D. 来着;的;吧

7. 医生说这药怎么吃______? 你怎么不帮我记着______?

A. 吗;来着　　B. 吧;呢　　C. 来的;呢　　D. 来着;吧

8. 我正做着作业______,你们先吃______。

A. 吧;吧　　B. 呢;吧　　C. 吗;着　　D. 来着; 吗

三、HSK 仿真题:找出下面每段话中有错误的一部分。

1. 玛丽跟大卫说,他们都没吃过北京烤鸭来着,这次去北京,一定要尝尝。
　A. 玛丽跟大卫说　B. 他们都没吃过北京烤鸭来着　C. 这次去北京　D. 一定要尝尝

2. 想开点儿,谁都有失败的时候,别难过着呢,你一定会成功的。
　A. 想开点儿　B. 谁都有失败的时候　C. 别难过着呢　D. 你一定会成功的

3. 杰克是个"中国通",他不仅会说汉语,还会唱中国歌儿,瞧,他现在正打太极拳着呢。
　A. 杰克是个"中国通"　B. 他不仅会说汉语　C. 还会唱中国歌儿　D. 瞧,他现在正打太极拳着呢

4. 还有半年就要毕业了,刘小星正在准备论文着呢,所以很忙,没时间跟我们一起去西安旅行。
　A. 还有半年就要毕业了　B. 刘小星正在准备论文着呢　C. 所以很忙　D. 没时间跟我们一起去西安旅行

5. 今天的练习不难着呢,比昨天的容易多了,我都会做,一会儿就做好了。
　A. 今天的练习不难着呢　B. 比昨天的容易多了　C. 我都会做　D. 一会儿就做好了

6. 听说她以前可喜欢唱歌了,而且唱得非常好,后来工作忙了,就很少唱歌了来着。
　A. 听说她以前可喜欢唱歌了　B. 而且唱得非常好　C. 后来工作忙了　D. 就很少唱歌了来着

7. 阿里,马克怎么样了? 他的感冒好了吗? 今天他上课了来着吗?
　A. 阿里　B. 马克怎么样了　C. 他的感冒好了吗　D. 今天他上课了来着吗

8. 昨天考试的时候,我全部做完以后,还仔细地检查两遍来着,怎么还会错呢?
　A. 昨天考试的时候　B. 我全部做完以后　C. 还仔细地检查两遍来着　D. 怎么还会错呢

四、模仿例句,用(　　)中的词语并选用合适的动态助词"呢""来着""来""过"完成下列对话。

例:A:李力和王中怎么还没来?

B:他们俩还在食堂吃早饭呢。(还;在)

1. A:昨天下午你去哪儿了？我去你办公室，没看见你。

B:哦，昨天下午______________________________，不在办公室。（开会）

2. A:那两个人怎么一直站在河边不动啊？

B:小声点儿，他们______________________________！（钓鱼）

3. A:老李，白医生来了吗？

B:她已经______________________________。（来；检查）

4. A:小强，快来看看，这个卫星______________________________？（什么）

B:叫风云二号气象卫星。

5. A:对不起，______________________________？我没听清楚。（刚才；说）

B:我是说，我明天出差，你去参加女儿学校的家长会吧。

6. A:不要______________________________。（告诉）

B:放心吧，我不会告诉别人的。

7. A:小钱，上星期五几号来着？

B:3月16号。你忘了？那天______________________________。（小李；生日晚会）

8. A:你的毕业论文准备得怎么样了？

B:______________________________。（修改；一遍）

参考答案

一、1. 来着/来　　2. 过

3. 着呢　　4. 来着

5. 呢　　6. 来着

7. 呢　　8. 呢

二、1. B　2. B　3. D　4. B　5. B　6. A　7. C　8. B

三、1. B，改为"他们都没吃过北京烤鸭"

2. C，改为"别难过了"

3. D，改为"瞧，他现在正打太极拳呢"

4. B，改为"刘小星正在准备论文呢"或者"刘小星正在准备着论文呢"

5. A，改为"今天的练习不难"

6. D，改为"就很少唱歌了"

7. D，改为"今天他上课了吗"

8. C，改为"还仔细地检查过两遍"

四、1. 去新校区开会来着

2. 正在钓鱼呢

3. 来过了，还给我检查了一下伤口呢

4. 叫什么(卫星)来着

5. 你刚才说什么来着

6. 告诉别人我参加减肥班儿来着

7. 是小李的25岁生日，我们为她开生日晚会来着

8. 上个星期就写完了，老师帮我修改过一遍了

单元练习

一、HSK 仿真题：把(　　)中的助词放在适当的位置上。

1. 你来得真巧，我们有件事 A 正想 B 请你 C 帮忙 D。(来着)
2. 虽说 A 北京的烤鸭很有 B 名，可遗憾的是 C 我至今还没尝 D 呢。(过)
3. 她肚子有点儿不舒服 A，下午就不去 B 游泳馆 C 游泳 D。(了)
4. 现在我正在 A 家做饭 B，你下午两点以后到 C 办公室 D 来找我吧。(呢)
5. 你要有 A 自信，要相信自己 B 通过不懈的努力一定会 C 获得成功 D。(的)
6. 要是 A 你明天有空儿 B，我们去海鲜馆儿吧 C，我想请你吃顿便饭 D。(的话)
7. 老李五十 A 多了，他有个二十 B 岁的女儿 C 跳芭蕾舞，你听说过 D 吗？(来)
8. 这里前 A 不靠村 B、后 C 不着店 D，你让我上哪儿给你弄吃的去？(的)
9. 小王下班 A 后先去 B 健身房锻炼 C 一小时，然后才回家 D。(了)
10. 西瓜、可乐、冰淇淋 A，我都放 B 在冰箱里了，想吃 C 自己拿 D。(什么的)
11. 借了东西 A 不按时归还 B，人家以后 C 就不乐意 D 再借给你了。(的话)
12. 我们事先通 A 几封电子邮件来 B 协商 C 两家公司的合作问题 D。(了)
13. 你们俩别 A 这么 B 大声地说笑 C！别人 D 都在看着你们呢。(啦)
14. 马上就要 A 公布 B 比赛结果了，他正 C 紧张着 D。(呢)
15. 我觉得健康 A 最重要 B，金钱、事业、名誉、地位 C 都只能排在其后 D。(等)

二、在必要的地方加上助词“了”或“的”。

1. 你跟李医生约好(　　)吗？他让你几点来(　　)？
2. 小李是四川人(　　)，点菜总是点麻辣(　　)，这份糖醋鱼是我点(　　)。
3. 她对你这么好，你非但不领情，还说(　　)一些难听话，她听(　　)肯定会伤心(　　)。
4. 今天你别再喝酒(　　)，否则(　　)话，你的夫人一定会生气(　　)。
5. 大太阳(　　)，晒死(　　)！谁高兴出去啊？要出去(　　)你自己出去吧。
6. 这位老人一直都关心国内外大事(　　)，每天一有空儿，报纸、杂志什么(　　)都要看上一会儿(　　)。
7. 等你自己有(　　)孩子以后，就会知道做父母(　　)难处(　　)。
8. 她跟我说好 8:00 见面(　　)，可现在都 8:30(　　)，她怎么还不来(　　)？
9. 这家饭店很有人情(　　)味儿，规定先付钱再吃饭，但你吃(　　)饭以后再付钱，也是没关系(　　)。
10. 楼上(　　)新来(　　)一对小夫妻，好像朋友挺多(　　)，一到周末家里就很热闹(　　)。

三、HSK 仿真题：在下面的 ABCD 中选择唯一恰当的答案。

1. 玛丽，别难过，相信不久的将来，我们一定会______见面的！

A. 还　　B. 更　　C. 再　　D. 一直

2. 不要以为图书编辑工作很简单，其实，这项工作______着呢。

A. 主要　　B. 重要　　C. 长期　　D. 基本

3. 她就朝我摆______摆手，拿上包转身走了，我也不清楚她去哪儿了。

A. 得　　B. 地　　C. 了　　D. 过

4. 他虽然在学校里工作______30 多年，但他从来没给学生上______课，因为他是校车司机，不是老师。

A. 了；过　　B. 过；的　　C. 了；的　　D. 啦；了

5. 你快把"天涯海角"的照片发给小张吧，别忘______，这是你来海南前答应他______。

A. 啊；了　　B. 了；的　　C. 着；了　　D. 吧；过

6. 放心，李明的球技在全校都是数得着______，有他在，你们队肯定______赢的。

A. 的；想　　B. 过；会　　C. 了；行　　D. 的；能

7. 6:00 ______，人们都下班了，地铁里一定挤得满满______，我想明天上午 10:00 再出门。

A. 啦；吧　　B. 了；的　　C. 的；了　　D. 来着；过

8. 我听______几次苏州评弹(píngtán)，不过，我听不懂苏州话，只能欣赏一下乐曲。

A. 着　　B. 的　　C. 过　　D. 了

9. 你在上海期间，有了困难______给我打电话吧，我一定会尽力帮助你的。

A. 已经　　B. 就　　C. 才能　　D. 要

10. 瞧，这只南瓜好大啊！足有二十______斤吧？

A. 来　　B. 来着　　C. 左右　　D. 上下

11. 昨天下午上完课我哪里也没去，就在教室写汉语演讲稿______。

A. 来　　B. 来着　　C. 着呢　　D. 着来

12. 赵春明，这本书你已经借______三个月了，到期了，该还了。

A. 了　　B. 快要　　C. 过　　D. 来着

四、判断正误，并把有错误的地方改正过来(正确：√；错误：×)。

1. 什么？一天只睡三来个小时？那怎么行呢？(　　)

2. 小姐，我想买点儿茶叶，龙井的、碧螺春的，每样我都要半斤。(　　)

3. 你们俩先别聊了，快点儿吃吧，不的饭菜都要凉了。(　　)

4. 昨天电视上播了一条新闻，说是太湖的水给蓝藻(zǎo)污染了，还很严重呢。(　　)

5. 好几年没有她的音信了，也不知道她在美国发展得怎么样了。(　　)

6. 我怎么会忘了你呢？我记得我们以前常在一起打过篮球呢。(　　)

7. 王平、李力、赵成等等是我的三个最要好的朋友。(　　)

8. 这是他们两人之间的秘密，他们不会告诉我的。(　　)

9. 听说附近新开了家饭馆，菜做得不错，明天下过班一起去尝尝吧。(　　)

10. 今天我们提前完成这个月的销售计划了，晚上一起去唱歌庆祝庆祝吧。(　　)

11. 刘风为了记英语生词，在家里的墙上、门上、饭桌上什么的地方，都贴满了写着英语单词的字条儿。(　　)

12. 银行对面的那家小店换老板了，不做服装了，改做文具了。(　　)

13. 她在苏州留学时买了不少苏州特产，这把檀香木扇子就是其中的一个。(　　)

14. 在黑板上写满了汉字，从美国来的玛丽一看头就大了。(　　)

15. 明子已经给我尝了她包的饺子了，好吃得很，你也来点儿吧。（ ）

五、连一连：把Ⅰ、Ⅱ两组句子正确搭配起来。

Ⅰ组	Ⅱ组
1. 这里黑灯瞎火的	A. 哪还有心情去看马戏表演啊
2. 退休前老张也做过领导的	B. 听说今天接待了五批上百人的旅游团呢
3. 上个周末搬家可把我累坏了	C. 是从加拿大的多伦多大学来的
4. 这家饭店很大，客人也特别多	D. 怎么能看得见呢
5. 他得知这个消息后，心情沉重	E. 有的已被房啊车啊的压得喘不过气来了
6. 我一向认为健康最重要	F. 忙得她一刻也闲不下来
7. 今天上午班上又来了一个新同学	G. 手下有二百来人呢
8. 毕竟她经验比你丰富，你还是听她的吧	H. 饭也吃不下，觉也睡不着
9. 近几年，年轻人贷款买房买车的很多	I. 否则将来你后悔也来不及了
10. 做饭洗衣服带孩子等家务活	J. 有了好身体才能好好地工作、快乐地生活

六、根据要求造句或完成句子。

（一）用（ ）中的词语完成句子。

1. 这顶帽子好是好，就是太贵了，等商场________________我再买吧。（了；对折）
2. 你____________________，也没关系，我可以找别人陪我去。（实在；的话）
3. 她可是个影迷，对许多电影明星都很熟悉，____________________。（比如；等）
4. ____________________，与史上同期相比，降水量减少了60%。（了；高温旱情）
5. 这套房子____________________，月租才1000元，算是很便宜的。（什么的，齐全）
6. 这班车是去南京的，____________________，你别搞错了！（上海；的）
7. 你昨天找到李老师了吗？____________________？你问他了吗？（让；来着）
8. 公司上下全体员工经过几个月的努力，____________________！（终于；啦）
9. 虽然下班一个多小时了，____________________！（可；着呢）
10. 我记得学术报告厅很大，座位很多，____________________人吧 。（坐得下；来）

（二）用（ ）中的词语，完成下列对话。

1. A：昨晚我给你打电话的时候你在哪儿？好像旁边还有好多人，是吗？
   B：哪儿呀，____________________________。（电视；呢）
2. A：你忙完了就赶紧回去吧，________________________。（着急；的）
   B：没事的，我今早出门的时候跟我妈打过招呼了。
3. A：______________________________？（来着）
   B：我是说今天晚上我有个约会，9:00以后才能回家。
4. A：晚上一起去听音乐会吧，怎么样？
   B：不好意思，____________________________。（着呢）
5. A：小丽，你喜欢什么颜色？
   B：我喜欢的颜色可多了，____________________，我都喜欢。（等等）
6. A：周末晚上的同学聚会你能参加吗？
   B：____________________________，我一定参加。（要是；的话）
7. A：你看我们是自己爬呢，还是坐缆车（lǎnchē）上去？
   B：还是坐缆车吧，爬山的话，老李____________________。（一定；的）

8. A:你们什么时候去昆明旅游的?

B:他是________________,我是__________________。(放假;就;才;的)

9. A:工作忙的时候我就会想:要是马上退休就好了。

B:____?(……来岁;这么;怎么)

10. A:你一向很准时的,今天怎么来晚了?

B:都怪我妈,她说早饭很重要,__________________________________。(让;了;出门)

(三)用所给的词语造句。

1. 有了　　　才能⟶
2. 一来　　　二来⟶
3. 二十来岁　一米八左右⟶
4. 看过　　　就⟶
5. 还在　　　呢⟶
6. 正　　　　着呢⟶
7. 会　　　　的⟶
8. 最好　　　不然的话⟶
9. 别　　　　太……了⟶
10. 曾经　　　不过⟶

七、HSK 仿真题:找出下面句子中有错误的一部分,并改正过来。

1. 玛丽昨天过生日,搞了一个很大的晚会,听说上百来人参加了呢,你去了吗?
　　A　B　C　D

2. 金明诚很好客,记得上次我去他那儿,他不但陪我玩儿,还请了我吃一顿海鲜呢。
　　A　B　C　D

3. 李小星啊,马上就要考试了,你都复习好了吗? 怎么又正打游戏呢?
　　A　B　C　D

4. 我正离开分公司,去总公司学习一段时间呢,你来得正好,可以帮我照顾孩子了。
　　A　B　C　D

5. 这些都是候鸟儿,冬天来临前飞到南方去,到了来年春天,它们一定会还飞回来的。
　　A　B　C　D

6. 白小雪尝尝了那些菜,直摇头,她说:“太咸啦! 难道卖盐的是你好朋友吗?”
　　A　B　C　D

7. 半天没听到他说了话, 你过去看看,他是在做作业呢,还是已经睡着了。
　　A　B　C　D

8. 张文,昨天有小周的生日晚会,你去了吗? 我怎么好像没看到你来着?
　　A　B　C　D

9. 明子的奶奶今年八十来岁了，她耳不聋，眼也不花，精神非常好着呢。
A　B　C　D

10. 除了北京以外，昆明、西安和大连等等三个城市，是我最喜欢的了，你呢？
A　B　C　D

11. 夏天天热，多吃点蔬菜吧、水果吧，这样胃口会好点儿，是不是这样，钱医生？
A　B　C　D

12. 我昨晚光顾喝酒了，忘了做作业来，你千万不要让老师知道了，她会批评我的。
A　B　C　D

13. 他是你的老板，你最好还是听他的，不要然的话，你今后的工作就很难做了。
A　B　C　D

14. 你有没有想了？要不是他帮你的话，你怎么会有今天呢？你过河拆桥啊！
A　B　C　D

15. 李教授是国际知名教授，昨天他在礼堂开个讲座了，礼堂里座无虚席，连走道上都挤满了人。
A　B　C　D

八、HSK 仿真题：综合填空。

(1—6)

一天一个有钱人去海边儿度假，看到一个渔夫正晒太阳____(1)____，就问他："你为什么不去工作呢？你不去工作____(2)____，怎么会有钱呢？"他又指____(3)____指自己的快艇，接着说："有了钱____(4)____可以像我这样买____(5)____船来海边儿晒太阳了。"渔夫听了，说："你看，我正在海边儿晒____(6)____太阳呢！"

1. A. 来　B. 着　C. 了　D. 呢
2. A. 来　B. 的　C. 着　D. 的话
3. A. 的　B. 过　C. 了　D. 呢
4. A. 再　B. 又　C. 要　D. 就
5. A. 过　B. 了　C. 着　D. 呢
6. A. 着　B. 呢　C. 过　D. 了

(7—13)

A：王青，暑假打算出去旅行吗？

B：那当然____(7)____。每年暑假我都会出去走走看看____(8)____。

A：那么，今年准备去哪些地方啊？

B：昆明、丽江、大理____(9)____三个城市是一定要去的，____(10)____有空的话，还想去趟香格里拉。

A：是吗？我曾看____(11)____一本介绍香格里拉的书，记得那儿的平均海拔有 3200 ____(12)____

米呢。行李都准备好了吗?

B:差不多了。不过,我只准备了一些穿的、用的什么(13),吃的就在路上买吧。

7. A. 啦　B. 地　C. 得　D. 过

8. A. 了　B. 的　C. 吧　D. 哇

9. A. 等　B. 等等　C. 这些　D. 的

10. A. 要是　B. 只是　C. 不是　D. 还是

11. A. 来　B. 着　C. 过　D. 了

12. A. 来　B. 左右　C. 上下　D. 大概

13. A. 了　B. 来　C. 的　D. 地

参考答案

一、1. D 2. D 3. D 4. B 5. D 6. B 7. B 8. D 9. C 10. A 11. B 12. A 13. C 14. D 15. C

二、1. 了;的　2. /;的;的　3. 了;了;的
4. 了;的;的　5. 的;了;/　6. /;的;/
7. 了;的;了　8. 的;了;/　9. /;了;的
10. /;了/的;的;/

三、1. C 2. B 3. C 4. A 5. B 6. D 7. B 8. C 9. B 10. A 11. B 12. A

四、1. ×,“三来个小时”改为“三个来小时”
2. √
3. ×,“不的”改为“不然的话”或者“不吃的话”
4. √
5. √
6. ×,“打过篮球”改为“打篮球”
7. ×,“等等”改为“等”
8. √
9. ×,“下过班”改为“下了班”
10. √
11. ×,“什么的地方”改为“等许多地方”
12. √
13. √
14. ×,“在黑板上”改为“黑板上”或者“老师在黑板上”
15. √

五、1. D 2. G 3. A 4. B 5. H 6. J 7. C 8. I 9. E 10. F

六、(一)
1. 打了对折
2. 实在没时间陪我的话
3. 比如成龙、刘德华、张东健等
4. 今年北方出现了高温旱情
5. 家具、家电什么的都很齐全
6. 不是去上海的

7. 他让我们什么时候交论文来着
8. 终于按时完成生产任务啦
9. 可王经理还在办公室忙着呢
10. 大概坐得下三百来
（二）
1. 我一个人在看电视呢
2. 这么晚不回家，你妈妈要着急的
3. 刚才你在电话里说什么来着
4. 我手头儿有些事儿，这几天忙着呢
5. 白色、黑色、蓝色、绿色等等
6. 要是没什么特殊情况的话
7. 一定吃不消的
8. 放了假就去的；上星期才去的
9. 你才三十来岁，这么年轻，怎么就想着退休了？
10. 一定让我吃了早饭才出门，所以晚了点儿
（三）
1. 有了信心和目标，才能做好这项工作。
2. 一来语言不通，二来不熟悉环境，所以刚到苏州的那几天，他几乎连门也不出。
3. 那个警察姓马，今年二十来岁，一米八左右的个子，蛮精神的。
4. 小红的记忆力非常好，不管什么书，看过了一遍就能记得很清楚。
5. 夜已经很深了，可小刘还在紧张地工作呢。
6. 到了七八月，那里正热着呢，怎么选这个季节去那儿开会呢？
7. 只要你打个电话，公司就会派人来帮你修的。
8. 你最好提前10分钟到，不然的话，她会以为你没诚意。
9. 别点了，你点得太多了，我们吃不了，多浪费啊！
10. 她曾经拜访过刘教授，不过，她并不知道刘教授会说日语。

七、1. C，改为“听说上百人参加了呢”
2. D，改为“还请我吃了一顿海鲜呢”
3. D，改为“怎么又在打游戏呢？”
4. A，改为“我正打算离开分公司”
5. D，改为“它们一定还会飞回来的”
6. A，改为“白小雪尝了尝那些菜”
7. A，改为“半天没听到他说话了”
8. D，改为“我怎么好像没看到你呢”
9. D，改为“精神好着呢”
10. B，改为“昆明、西安和大连等三个城市”
11. B，改为“多吃点蔬菜、水果吧”或者“多吃点蔬菜啦、水果啦”
12. B，改为“忘了做作业了”
13. C，改为“要不然的话/不然的话”
14. A，改为“你有没有想过”
15. B，改为“昨天他在礼堂开了个讲座”

八、1. D　2. D　3. C　4. D　5. B　6. A　7. A　8. B　9. A　10. A　11. C　12. A　13. C

·第四单元·

第一课 嘛 呗 哩 喽 哟

讲一讲

除了前面已讲练的“吗”“呢”“吧”“了”“的”等常用的语气助词以外，汉语中还有一些因人而异、因地而别的语气助词，这些助词在某些地区或某些人的口语中使用得还是比较多的。本课主要介绍“嘛、呗、哩、喽、哟”几个语气助词，它们的读音、位置、用法等请看下表：

助词	读音	用的位置	用法/语气	例　句	简要说明
嘛	ma	陈述句句末	强调事实；表示理应如此、本应如此	大卫刚开始学汉语嘛！ 他一定要去嘛，我也没办法。	接近“啊”，但没有“啊”的感叹语气
		祈使句句末	请求、催促、责备	什么事儿，你快说嘛！	祈使句气弱于“啊”、强于“吧”
		用于句中话题后	引起对方注意	学生嘛，当然要上课！	接近“呢”“啊”
呗	bei	陈述句句末	道理显而易见、确认、说明	你不懂就问老师呗！ 我多练练呗。	接近“啊”
		复式动词＋呗	勉强同意或让步	去就去呗。 他想来就来呗。	接近“吧”“啊”
哩	li	陈述句句末	肯定、确认	他还去过北京哩！	同“呢”
		列举项后	停顿、强调	钱哩，车票哩，都在包里。	同“啦”“啊”
喽	lou	动词后	预期或假设	吃喽晚饭再去散步吧！	同“$了_1$”
		祈使句末	提醒注意	起来喽！ 下雨喽！	同“$了_2$”
哟	yo	祈使句或感叹句句末	催促、建议、提醒、感慨等语气	加油干哟！ 你今天真早哟！	接近“啊”

1. 这几个语气助词都读轻声。其中有的还有其他读音，如“呗”还有“bài”的读音；“喽”在“喽啰”一词中读“lóu”；“哟”还常用作叹词，读 yō。在句子中，一般语调较低平，特别是“嘛”“呗”两个助词；用“喽”的祈使句和用“哟”的句子有时可读中高的语调。

2. 这些语气助词多带有一定的方言色彩，也更加口语化。如“呗”比“吧”口语色彩强；“喽”比“了”的口语色彩强。“了”既可用于口语，又可用于书面语。“喽”只用于口语。

3．“嘛”在有些方言中也有写成“吗”或“么”的。但在普通话中，“嘛”和“吗”的用法是不一样的。“吗”一般用于疑问句句末，而“嘛”一般用在陈述句的句中或句末，不用于疑问句句末，所以下面左边的句子是错的：

*你能陪我去逛街嘛？　　　　√你能陪我去逛街吗？

*难道你没听见嘛？　　　　√难道你没听见吗？

“嘛”主要用于强调事实；表示理应如此或本应如此，因而用“嘛”的句子之前或之后可以使用反问句。如：

你怎么老叫冷啊？你多穿些衣服嘛！

他就是李总经理嘛，你难道不认识他吗？

话题后带了“嘛”，有时也可跟反问句，前后往往有因果关系。如：

她嘛，谁不认识？

校长嘛，还能怕讲话？

4．“呗”可看作“吧”和“哎”的合音，有的用法与“吧”较接近。但不能用在问句句末，也没有“吧”表推测或估计的语气。如下面的句子就不合适：

√你一定很疲劳了吧？　　　　√他可能会参加这个会议吧。

？你一定很疲劳了呗？　　　　？他可能会参加这个会议呗。

5．在早期白话中有的把“呢”写成“哩”。现在只出现在方言中。另外，有的把“喽”当作“了”的变体。

练一练

一、HSK 仿真题：把(　　)中的语气助词放在适当的位置上。

1．他的导游 A 经验更丰富 B，所以我觉得让他 C 带这个 D 旅行团最合适。(嘛)

2．你要是 A 真的不喜欢 B 这个工作 C 就干脆辞职 D。(呗)

3．你不是早就饿了 A？那就 B 多 C 吃一点儿 D。(嘛)

4．那个从加拿大 A 来的大山不但 B 会说中国话，还会 C 唱中国歌 D！(哩)

5．您先别着急 A，等一会儿 B 到 C 大哥那儿，咱再商量商量 D。(喽)

6．千万记着 A 带上你的小包 B，飞机票和护照 C 可都在 D 那里面呢。(哟)

二、HSK 仿真题：在下面的 ABCD 中选择唯一恰当的答案。

1．这项工作由王丰年先生负责，您有问题可以去找他______。

A．哩　　B．嘛　　C．吗　　D．喽

2．天放晴啦，我们可以带孩子们去动物园儿______！

A．啊　　B．吗　　C．喽　　D．哇

3．你小的时候我还抱过你__________，一转眼，你都长成大姑娘了！

A．哇　　B．呗　　C．了　　D．哩

4．有人认为人生不过几十年，想吃就吃、想玩儿就玩儿______，不能亏待了自己。

A．呗　　B．了　　C．哩　　D．喽

5．你想买你就说______，你不说我怎么会知道______？

A．呗；了　　B．呗；喽　　C．嘛；喽　　D．嘛；呢

6. 山里的空气真新鲜______！我真希望能在这儿多住几天______！

A. 哟;哪　　B. 喽;哇　　C. 呗;了　　D. 吧;的

三、判断正误，并把有错误的地方改正过来（正确：√；错误：×）。

1. 谁没看过《红楼梦》啊？我上中学时就看过了。（　　）
2. 人多力量大喽。我们一起努力干吧。（　　）
3. 请问我开窗透透气，您介意不介意嘛？（　　）
4. 你是江南人，一定吃不惯我们东北的煮菜呗？（　　）
5. 这部所谓的美国大片儿呀，她不知看过多少遍了。（　　）
6. 一连下了半个月的雨了，我哪敢出什么远门呢！（　　）

四、综合填空。

(1—4)

出门在外一定要注意安全，护照__(1)__、信用卡啦，什么__(2)__，最好都随身带__(3)__。在一些大中城市，可以拉卡消费的地方越来越多，现金__(4)__，就不必带很多了。

1. A. 啦　　B. 呢　　C. 哟　　D. 呗
2. A. 吧　　B. 呗　　C. 等　　D. 的
3. A. 啊　　B. 着　　C. 喽　　D. 了
4. A. 喽　　B. 哇　　C. 嘛　　D. 哟

(5—8)

小张，咱可不能跟着挤！咱是男人，怎么能不遵守"女士优先"的规矩__(5)__？等就等一会儿__(6)__！反正最后一定能上车__(7)__，对__(8)__？

5. A. 呢　　B. 嘛　　C. 吗　　D. 的
6. A. 喽　　B. 了　　C. 哟　　D. 呗
7. A. 吧　　B. 喽　　C. 哩　　D. 的
8. A. 呗　　B. 吧　　C. 呢　　D. 了

(9—12)

A：在你们家，谁说了算啊？

B：她__(9)__。

A：哪个她__(10)__？您太太还是你们的宝贝女儿__(11)__？

B：当然是太太__(12)__！不过，有时候是女儿说了算，反正我只有服从的份儿！

9. A. 呗　　B. 哟　　C. 了　　D. 的
10. A. 嘛　　B. 喽　　C. 吗　　D. 啊
11. A. 哩　　B. 吧　　C. 哪　　D. 呢
12. A. 的　　B. 了　　C. 啦　　D. 哟

参考答案

一、1. B　2. D　3. D　4. D　5. C　6. B

二、1. B　2. C　3. D　4. A　5. D　6. A

三、1. √

2. ×，"喽"改为"嘛/哩/呗"

3. ×,去掉“嘛”,或者“嘛”改为“呀/呢”

4. ×,“呗”改为“吧”

5. √

6. √

四、1. A 2. D 3. B 4. C 5. A 6. D 7. D 8. B 9. A 10. D 11. D 12. C

第二课 所 给 之

讲一讲

一、所

"所"(suǒ)可作名词、量词和助词,本课讲它的助词用法。

结构助词"所"一般用于及物动词前,使"所+动词"变成名词性短语,多出现于书面语中。其主要用法有以下几种:

1."所+动词"。

(1)"所+动词"代替名词。如:

我问他叫什么名字,他说他是外国人,真是所答非所问。

(所回答的内容不是所问的内容)

古人说,日有所思,夜有所梦。(白天常常想的东西,夜里就会梦见它。)

为了帮助朋友,他曾经倾其所有。(拿出他所有的东西)

上述用法中"所"后的动词多为单音节动词,多用于固定词语。如:

所见所闻　众所周知　各取所需　所剩无几　问题所在

闻所未闻　各尽所能　不出所料　所知甚少　劳动所得

这些固定词语一般不加"的"就可以代替名词。

(2)"名词/代词+所+动词+的+(名词)"。

"所+动词"或"名词/代词+所+动词"都常作定语,所修饰的中心词一般是"所"后动词的受事。如:

鲁迅所写的小说他都看过。

我所了解的情况就是这些。

你所提的修改意见都很好。

这难道就是人们所说的千年古城吗?

"名词/代词+所+动"作定语时,"所"的作用是使语句书面语化,较正式。句中的"所"大多可以去掉,少了"所",语句就比较接近口语了。另外,"所+动词"作定语,一般"的"不可缺少。如:

散步是我所喜欢的一种健身方式。

下面的句子是错的:

*散步是我所喜欢一种健身方式。

"所 + 动词 + 的"可组成"的"字短语，在句中担当主语、定语、宾语等句子成分。一般用于"是……的"句式中。在"是……的"前可加"就""正"等副词，加强语气。这里的"所"不表示什么意义，如果去掉"所"，意思不变，只会更口语化。请比较下面的句子：

A 组	B 组
这种建筑风格正是我所欣赏的。	这种建筑风格正是我欣赏的。
他就是你所崇拜的偶像吗？	他就是你崇拜的偶像吗？
你所问的，也是大家颇为关心的问题。	你问的，也是大家颇为关心的问题。

2. "被 + 名词/代词 + 所 + 动词"；"为 + 名词/代词 + 所 + 动词"，这两种结构都可表示被动。如：

你不要被他的花言巧语所欺骗！

那幅著名的油画现为法国的一位银行家所收藏。

她被离奇的故事情节所吸引，一口气读完了那本小说。

这类结构也常可作定语。如：

相声是为人们所喜爱的一种艺术形式。

3. "有 + 所 + 动词"；"无 + 所 + 动词"，两种结构都可表示变化已发生。如：

近日来北京的空气质量有所提高。

今年江苏省的高考方式有所改变。

我希望明年这里的交通条件能有所改善。

论文对两国经济发展方面的不同有所涉及。

关于苏州的历史，她好像无所不知。

"有 + 所 + 动词"通常只用肯定形式。表示某个动作在某种程度上的完成或实现。大多用于动作的已经完成，一般句中不用再带"了"；也可以用于要求动作达到某个程度（程度并不高）。

"无 + 所 + 动词"并不是"有 + 所 + 动词"的否定形式，并不表示动作的未完成或未实现。"无 + 所"表示的是"没有什么"。"无 + 所 + 不 + 动"是一种双重否定结构，意为"没有不 + 动"，即"所有的全都 + 动"。另外，这类短语还有"无所不包""无所不能""无所不通""无所不为"等等。

这种句式表示的变化多是已发生的，也可与"希望""但愿"、助动词及表示将来时间的词语一起使用，表示希望发生的变化。如：

他希望明年的收入能有所增加。

但愿十年后人类的生存环境能够有所改善。

二、给

"给"（gěi）一般情况下都作动词或介词使用，在口语中，它还可用作结构助词，用于"把"字句或被动句的谓语动词前，有加强语气的作用。

1. "把 + 名词 + 给 + 动词 + 其他"。如：

昨天她把约会的事儿给忘了。

大刚把小刚的网球给扔到房顶上了。

刘老师把大刚给批评了一顿。

2. "叫/被/让 + 名词 + 给 + 动词 + 其他"。如：

冰箱里的啤酒都被哥哥给喝光了。

那辆红色的自行车让小华给弄丢了。

挂在外面的衣服叫雨给淋湿了。

《西游记》被我的韩国朋友给借走了。

由于助词“给”多用于“把”字句或被动句，因此，除了要记住“给”应放在谓语动词之前外，还应注意这类句子对谓语的要求，如“把”字句要求动词有处置性、宾语应是确定的、动词多带补语或“了”等（详见《句型与句式》分册中有关的“把”字句与被动句的内容）。

另外，助词“给”只出现在口语里，所以，用“给”的“把”字句不宜用“将”。

三、之

“之”（zhī）是古代汉语中的常用词，可作代词、动词、助词等，有多种用法。现代汉语沿用下来的“之”一般作结构助词，只用于书面语中。主要用法如下：

1. 用于定语和中心语中间，意思同“的”，表示领属或修饰关系。如：

   她有一颗善良之心。

   这种观点也是一家之言。

   每人都有各自的人生之路。

2. “（占）+几+分+之+几+（其他）”，表示分数、百分数。如：

   在钢铁公司，男职工占五分之四。

   您的话我能听懂百分之八十了。

   我们班三分之一的人参加了运动会。

3. “是……之一”，指出其中一个。如：

   苏州是中国著名的旅游城市之一。

   这只是她选择欧洲的原因之一。

   老李是这个项目的主要负责人之一。

4. “之所以……，是因为……”，用于倒装因果关系的复句。如：

   他之所以没参加那次学术会议，是因为他当时正在外地出差。

   公司之所以聘你为人事部经理，是因为你有人事管理经验。

   我们之所以不同意这个方案，是因为这个方案很不成熟。

5. “……之于+名词/代词……”，其中，“之于”相当于“对于”。如：

   生存环境之于人类是极其重要的。

   时间之于每个人都同样宝贵。

现代汉语中还有一些与“之”组成的词语，如“之前、之后、之上、之下、之中、之间、之内、之类”等，其中的“之”都可作“的”讲，但如换成“的”，后面的名词也要换成双音节的。如：

请把汽车停在白线之后。——→请把汽车停在白线的后面。

上面所列的“之”的第二至第五种用法，一般都不能把“之”换写成“的”。另外，在第三种用法中，不能在“之一”前加“的”。下面的句子是错的：

* 刘德华是香港最优秀的歌手的之一。

练一练

一、HSK 仿真题：把(　　)中的助词放在适当的位置上。

1. 她在 A 信里 B 写的内容都是 C 关于 D 这次旅行的。(所)
2. 我那只 A 漂亮的 B 玻璃杯叫小猫 C 打碎了，D 真可惜！(给)
3. 三天 A 前我 B 跟你说的事你 C 可别 D 忘记了。(之)
4. 丁力 A 在的单位 B 因经营不善，C 效益 D 不太好。(所)
5. 真家伙！我说怎么 A 这么热，原来空调 B 让他 C 关掉了 D！(给)
6. A 这是件复制品，B 原作现为国家博物馆 C 藏 D。(所)
7. A 美貌 B 于他毫无意义，他一向 C 认为内在美比什么都 D 重要。(之)
8. 他 A 天生对球没感觉，什么篮球、排球、足球 B 类的，他碰 C 都不想碰 D。(之)

二、选择结构助词“所”“给”“之”“的”填空。

1. 最近他的汉语水平已有(　　)提高。
2. 书籍(　　)于孩子，就像阳光和空气一样重要。
3. 如今寻呼机已无人问津了，在市面上它早已为手机(　　)取代。
4. 你这孩子，这么好的工作你不好好儿干，真是活活叫你(　　)气死了！
5. 他们俩(　　)所以无法成为朋友，就因为他们(　　)间压根儿没有共同语言。
6. 他曾一度为情(　　)困，痛不欲生，好在现在有(　　)好转了。
7. 只要有万分(　　)一(　　)可能，我们都要不惜一切代价去争取(　　)。
8. 玛丽的男朋友约会经常迟到，还尽找各种借口，这正是她(　　)无法忍受(　　)。

三、HSK 仿真题：找出下面句子中有错误的一部分，并改正过来。

1. 我把近日所照照片都存在电脑里了，你想看的话，我可以发给你几张，怎么样？

　　A　　B　　C　　D

2. 王平打算报考公务员，他说公务员工作稳定，是目前最好职业的之一，父母也很支持他。

　　A　　B　　C　　D

3. 小丽觉得很热，就把车窗打开，把头伸到外面。这时马克看见了，给小丽一张字条上面写着：小丽，请勿将头与手伸到车厢之外面。

　　A　　B　　C　　D

4. 我所认识李刚很聪明，他的记忆力特别强，一篇英语课文，他读三四遍就能背下来。

　　A　　B　　C　　D

5. 大卫很喜欢看中国电影，对中国的电影明星也很熟悉，他说，章子怡是他最喜爱的女影星之一个。

　　A　　B　　C　　D

四、阅读短文，根据文意判断正误。

这是一种罕见的病症，很多人都闻所未闻，即便是主治医生刚接触这一病例时也一时间不知所措了。之后他赶紧召集有关部门会诊，各专家也都各尽所能。所幸病人生性乐观，并没让病魔给击垮意志，总算能积极配合治疗。病人的家属也表示，只要有万分之一的希望，他们也是不会放弃的，要不惜一切代价，倾其所有。然而病情恶化速度之快，仍出乎医生所料，之前所做的所有努力，几乎将付之东流，这显然是他们所不愿看到的，也实在是病人家属所无法面对的。今天，在尝试了最后的方案后，院方负责人之一明确表示，死亡之于每个人都将是个必须面对的事实。

判断正误：

1. 这是一种高危病症。（　　）
2. 普通人没听说过这种，但医生对它了如指掌。（　　）
3. 病人态度积极，然而医生和家属方面则有些消极。（　　）
4. 由于家属倾其所有，所以病情的恶化速度得到了有效控制。（　　）
5. 医生早就料到病人会迅速病危。（　　）
6. 今天院方宣布了病人的死亡。（　　）

参考答案

一、1. B　2. C　3. A　4. A　5. C　6. C　7. B　8. B

二、1. 所　　2. 之

3. 所　　4. 给

5. 之；之　　6. 所；所

7. 之；的；的　　8. 所；的

三、1. A，改为“我把近日所照的照片都存在电脑里了”

2. C，改为“是目前最好的职业之一”

3. D，改为“小丽，请勿将头与手伸到车厢之外”

4. A，改为“我所认识的李刚很聪明”

5. D，改为“章子怡是他最喜爱的女影星之一”

四、1. 1. √　2. ×　3. ×　4. ×　5. ×　6. ×

第三课 罢了 而已 不成 就是

讲一讲

一、罢了

“罢了”可作动词，读 bàliǎo，意同“算了”。本课讲练的是语气助词“罢了”（bàle），它一般用在陈述句句末，具有把事情说得“小、轻、不重要”的作用。其常见结构形式是“不过……罢了”。如：

我只是随便问问罢了，没别的意思。（用于解释，说明不重要）
你不用感谢我，我只不过尽了我作老师的责任罢了。（表示谦虚）
小金身体很好，即使生病，也就是个头疼脑热罢了。（用于安慰对方）
她算什么高级人才？不过是留过一年学、混了个硕士学位罢了。
（表示说话者看不起“她”，语气轻蔑，下句相近）
他这样做无非想引起人们的注意罢了。（表示对“他”的做法的看法）

从例句可以看出，“罢了”常与“不过”“只是”“也就是”“无非”前后呼应，“无非”的书面语色彩重些，“也就是”口语色彩重些，“不过”“只是”书面与和口语都较常用。“只不过”带有把事情往小里说的语气。

在口语中，“罢了”前面的“不过”“只是”有时可省略，意思不变。如：

我（不过）说说罢了，你可别当真啊。

二、而已

助词“而已”（éryǐ）的意思和用法跟“罢了”基本一样，也常与“无非”“只”“仅”“不过”搭配使用，所不同的是“而已”的书面语色彩强些，但也可用在口语中。如：

她认为名字无非是个符号而已。
一个 15 岁的孩子而已，他能懂多少航天知识？
他并不是什么天才，不过比别人更勤奋而已。
仅仅丢了辆自行车而已，你至于这么伤心吗？
我跟她就见过一面，吃过一顿饭，仅此而已。

用“罢了”的句子，都可以用“而已”。但用“而已”的地方不一定都能换“罢了”。如在“仅此而已”“如此而已”这样的习用语里，就不能用“罢了”。

另外，书面语色彩强的句子用“而已”的情况更常见。如：

人生不过几十年而已，我们该珍惜时间啊！

？人生不过几十年罢了，我们该珍惜时间啊！

她的生活理想仅为衣食无忧、健康平安而已。

？她的生活理想仅为衣食无忧、健康平安罢了。

三、不成

"不成"可作动词、形容词，都是"不行"的意思。本课讲的是作语气助词的"……不成"。作助词时，"……不成"一般用在句末，表示猜测、反问的语气。前面常有"难道""难道说""莫非"等词语呼应。另外，有时也可用"难不成……吗？"，更口语化。其常见结构形式是"难道……不成？"。如：

你都40多的人了，难道还要依赖父母不成？

她既然已经来了，难道说你还让她回去不成？

小林到现在还没来，莫非他生病了不成？

那个减肥广告一看就知道是假的，你莫非还相信了不成？

你不去看老人，难不成让老人来看你吗？

1. 在这个句式中，"难道"在主语前或后都可以。如：

为了这么点儿小事，难道你还生气了不成？

为了这么点儿小事，你难道还生气了不成？

2. 副词"莫非"的书面语色彩强些，所以口语中多使用"难道……不成"这一句式。这个句式中的"不成"也可换成语气助词"吗"，意思不变。句末不用语气助词"不成"或"吗"，也可以，但反问语气就减弱了。

3. 由"难道……不成"构成的反问句，形式是肯定的，意思却是否定的，一般句中不能出现否定副词。"难道……吗"不受此限制。请看下面两组句子：

A组	B组
难道让父亲向儿子道歉不成？	难道让父亲向儿子道歉吗？
*难道不能让父亲向儿子道歉不成？	难道不能让父亲向儿子道歉吗？
*难道父亲不能向儿子道歉不成？	难道父亲不能向儿子道歉吗？
*难道不让父亲向儿子道歉不成？	难道不让父亲向儿子道歉吗？

四、就是

"就是"可作连词、副词，也可作助词，本课讲其助词的用法。

作助词的"就是"一般用于陈述句末，表示肯定语气。常与语气助词"了"连用，具体结构是"陈述句 + 就是 +（了）"。如：

这条路我很熟，你们跟着我走就是。

车票已经买好了，房间也订好了，您放心就是了。

小明的自行车你用就是了，反正他去外地进修了，要三个月以后才回来呢。

以上例句说明，用助词"就是"的句子的前后，常有说明原因与理由的句子。

助词"就是"多用于肯定句，有时可用于否定句，但一般不用于疑问句。如：

√你现在胃病犯了，医生不让吃辣椒，不吃就是了。

*他不想上学不上学就是了？

练一练

一、HSK 仿真题:把(　　)中的词放在适当的位置上。

1. A 我一连给她发了几封信,B 她都没回,C 她生我的气了 D 不成?(莫非)
2. 他三番五次地请你吃饭 A,无非是想求你 B 开个后门 C,给他行个方便 D。(罢了)
3. 这种不合理的事 A 我看到了就要管 B,难道 C 让我装聋作哑 D?(不成)
4. A 别太天真了 B,C 你还指望小偷把你的车还来 D?(难不成)
5. 你 A 怎么对这一带 B 这么熟? C 你以前来过这儿 D 不成?(难道说)
6. 我并不 A 比别人聪明 B,只是更勤奋 C 些 D。(而已)
7. 你想 A 吃饺子 B,告诉我 C 了,我 D 可以给你包哇!(就是)
8. 这趟车 A 赶不上,就坐 B 下趟,C 晚点儿到乐园而已,D 没关系的。(无非)

二、判断正误,并把错误的地方改正过来(正确:√;错误:×)。

1. 你难道至今不知道我们大学的地址不成?(　　)
2. 她不仅比我多考三分而已,看把她得意的!(　　)
3. 他那些所谓的朋友无非是些酒肉朋友,仅此罢了。(　　)
4. 咱俩可是多年的老朋友了,难道我不会骗你不成?(　　)
5. 有什么好怕的! 难道他还会吃了你不成?(　　)
6. 饭做都做好了,难道要我喂给你吃?(　　)
7. 孩子想去动物园玩儿,你陪他去就是了吗?(　　)
8. 反正我也没吃过,你说这道菜好吃,你点就是了,我没意见。(　　)

三、HSK 仿真题:在下面的 ABCD 中选择唯一恰当的答案。

1. 都这么晚了还不见他的人影,______路上出什么事儿了不成?

A. 能否　　B. 是否　　C. 是非　　D. 莫非

2. 那不过是条小虫子______,你就吓成这样? 至于吗?

A. 呢　　B. 的　　C. 罢了　　D. 了

3. 7 点多了,你还不起床,难道你不打算去上班了______?

A. 吗　　B. 呢　　C. 不成　　D. 而已

4. 他也就是嘴上说说______,哪里会说到做到!

A. 罢了　　B. 不过　　C. 只是　　D. 不成

5. 我跟他谈不上很熟,我们只是一起吃过一顿饭,如此______。

A. 罢了　　B. 而已　　C. 算了　　D. 不过

6. 放心吧,煮熟了的鸭子还怕它飞了______?

A. 吗　　B. 莫不是　　C. 呢　　D. 难道

7. 难道我们非得听从他的意见 ______?

A. 吗　　B. 莫非　　C. 而已　　D. 罢了

8. 他没日没夜地学习汉语,想考 HSK ______?

A. 呢　　B. 不成　　C. 罢了　　D. 而已

四、用本课所讲的助词和(　　)中的词语完成下列对话。

1. A:你爷爷已经是七十多岁的老人了,还要学电脑?

B：________________________？他说要“活到老，学到老”呢。（难道）

2. A：你已经喝三杯了，________________________？（莫非）

B：今天高兴，我就要把这瓶酒全喝完！

3. A：您把捡到的三万块钱一分不少地还给了失主，真是太感谢您了！

B：这没什么，________________________。（不过）

4. A：你的脸色不太好，生病了吗？

B：没什么，________________________。（只是）

5. A：这么晚打电话过来有事儿吗？

B：________________________。（不过是）

6. A：听说你学过西班牙语？

B：哪儿呀，________________________。（也就是）

7. A：为什么不吃啊？不喜欢这饭菜吗？

B：筷子呢？________________________？（难道）

8. A：听说你在帮你姐姐带宝宝？小家伙一定很麻烦吧？

B：还好啦，________________________。（无非是）

五、HSK 仿真题：找出下面句子中有错误的一部分，并改正过来。

1. 小平（A），你说说看（B），除非妈妈不做饭（C），我们就得饿肚子不成（D）？

2. 她干活儿太慢了（A）！我不过让她做一个旅行日程表了（B），可过了半天（C），她也没做出来（D）！

3. 不工作就想挣到钱（A），天下哪有这样的好事（B）？难道你相信了不成吗（C）？反正我不信（D）。

4. 看不出来（A），他还真浪漫（B）！每天都给你送玫瑰（C），无非是想追你不成（D）。

5. 房间里的摆设十分简陋（A），只有一张桌子、一张床（B），还有两把椅子（C），仅此罢了（D）。

6. 妈妈（A），您看我作业都做好了（B），明天的课也预习好了（C），难道还不能看电视不成（D）？

参考答案

一、1. C　2. D　3. D　4. C　5. C　6. D　7. C　8. C

二、1. √

2. ×，改“不仅”为“仅”

3. ×，改“仅此罢了”为“仅此而已”

4. ×，改“不会”为“会”

5. √

6. √

7. ×,去掉“吗?”,并加句号　　　　　　　　8. √

三、1. D　2. C　3. A　4. A　5. B　6. A　7. A　8. B

四、1. 难道不行吗

2. 莫非想要把这瓶酒全干了不成

3. 不过举手之劳罢了,是我应该做的

4. 只是有点累罢了,歇歇就会好的

5. 没事儿,不过是想听听你的声音罢了

6. 也就是会说几个单词罢了

7. 难道要我用手抓不成

8. 无非是让他吃饱、穿暖罢了,他还不会走,不用整天看着

五、1. C,改为“难道妈妈不做饭”

2. B,改为“我不过让她做一个旅行日程表罢了”

3. C,改为“难道你相信了不成?”

4. D,改为“无非是想追你罢了”

5. D,改为“仅此而已”

6. D,改为“难道还不能看电视吗?”

第四课　不得　不可

试一试

HSK 仿真题：在下面的 ABCD 中选择唯一正确的填入空中。

1. 他昨天晚上梦到自己被捆了起来，一点儿也动弹______。

A. 不可　　B. 不得　　C. 不能　　D. 不行

2. 电脑游戏对你就有那么大的吸引力？你非打______吗？

A. 不可　　B. 不会　　C. 不要　　D. 不过

3. 难道我们两家公司合作的事儿就这样算了______？

A. 不得　　B. 不可　　C. 不成　　D. 不会

4. 虽然这种药很贵，也很难吃，但为了治病，你非吃______。

A. 不是　　B. 不对　　C. 不成　　D. 不可

5. 这些实验数据非常重要，你们马虎______，必须再核对一遍。

A. 不了　　B. 不得了　　C. 不得　　D. 得了

6. 已经过了 10:00 了，王小雨还没来上班，莫非她生病了______？

A. 不会　　B. 不可　　C. 不得　　D. 不成

讲一讲

上一课讲了语气助词“不成”，上面“试一试”中的句 3 和句 6 应选“不成”。

本课主要讲“不得”“不可”两个助词。

一、不得

助词“不得”一般用于动词或形容词后面，表示不可以或不能够，有时可在句末使用语气助词“的”“啊”来加强语气（参见《句子成分》分册）。

助词“不得”常用的结构形式是“动词/形容词 + 不得”。如：

别看这些蘑菇色彩鲜艳，十分漂亮，但都是有毒的，吃不得的。

搞科学研究必须老老实实、细致严谨，来不得半点虚假。

他昨天晚上梦到自己被捆了起来，一点儿也动弹不得。

这件事关系到孩子的前途，我们糊涂不得啊！

这是大家抽签儿决定的顺序，乱不得。

这些实验数据非常重要，你们马虎不得，必须再核对一遍。

1. “不得”前的动词单双音节都有，但单音节动词更多些。动词和“不得”之间不能插入宾语，如有宾语一般作话题主语放在动词前，离合动词的后一语素也是如此。下面的句子是错的：

＊那条路因大雨发生了塌陷(tāxiàn)，走路不得。

＊她最近感冒了，喉咙疼得很，唱歌儿也不得。

上面两句应分别改为：

√那条路因大雨发生了塌陷，走不得。

√她最近感冒了，喉咙疼得很，歌儿也唱不得。

2. “不得”前的形容词也是单双音节都有，不过，后可跟“不得”的形容词，本身一般都表示消极意义，如“马虎”“糊涂”“乱”“慌”“紧张”等，表示积极意义的一般不与“不得”连用。

3. 有时，“不得”可跟相关或相反的动词或形容词结合后，以相同结构的形式并列出现。如：

我觉得十几岁的孩子最难管教，打不得，骂不得，好好谈吧，又不听。

在陶器上制作这种花纹时，旋转的速度快不得，也慢不得，要正合适才行。

4. 用助词“不得”的句子也可用“吗”提问，或用“动词＋得＋动词＋不得”的正反问形式提问。如：

这种食品有高血压的病人吃不得吗？

太极拳年轻人就打不得吗？

我们去饭店吃饭，这几瓶酒带得带不得？

二、不可

“不可”既可作助动词，表示不可以的意思，又可作助词。本课讲助词“不可”，它的主要用法是与“非”或“非得”搭配使用，构成双重否定，表示必须、一定的意思，使句子的肯定语气更强。其常见结构形式是“非/非得＋动词/形容词(短语)＋不可”。如：

今天下午的活动非常重要，你非参加不可。(强烈要求对方做某事)

都7点多了，他还没起床，今天上班非迟到不可。

(估计不希望的情况肯定会发生，下同)

这次考试我考得这么差，回家后妈妈非得骂我不可。

你这样不分昼夜地工作，非累坏身体不可！

我再三挽留她，可她非得走不可，我也没有办法。

(表示动作者一定要做某事的决心，下同)

今天晚上我非把这本书看完不可，哪怕一夜不睡呢！

电脑游戏对你就有那么大的吸引力？你非打不可吗？

这种技术问题，非得刘工程师来解决不可。

(强调因客观情况需要肯定得要某人做某事，下同)

虽然这种药很贵，也很难吃，但为了治病，你非吃不可。

1. “非……不可”之间一般是动词及其短语、主谓短语等。这类结构的使用语境详见以上括号内的说明。

2. “非……不可”也可在句末用“吗”提问。如：

明天晚上的联欢会你非去不可吗？

吃了饭以后,你非喝咖啡不可吗?

3. “非……不可”或“非得……不可”句式中的“非”或“非得”是不可缺少的。下面的句子是错的:

＊老人的眼睛不太好,读书看报用放大镜不可。

改:老人的眼睛不太好,读书看报非用放大镜不可。

不过,口语中“不可”有时可省略。常用于承接上文或反问句中。如:

你不让我看,我非看!

喝绿茶不行吗? 干嘛非得喝红茶?

4. “非/非得……不可”是表示双重否定的结构,因而一般不再与其他否定副词一起用。下面的句子是错的:

＊他是个特别认真的人,遇到问题,不非得查个水落石出不可。

＊小家伙只是有点感冒,非不想上课不可。

练一练

一、HSK 仿真题:把(　　)中的助词放在适当的位置上。

1. 您这样 A 一杯接着一杯地 B 喝酒,C 过一会儿非喝醉了 D。(不可)
2. 导游告诉 A 大家过山车的速度很快 B,C 有心脏病的老人坐 D。(不得)
3. 你不是说 A 明天的同学聚会不去参加了 B 吗? 难道 C 现在改主意了 D?(不成)
4. 俗话 A 说得好 B“老虎的屁股摸 C”,你可千万别去 D 招惹他啊。(不得)
5. 我真搞不懂你 A,抽香烟既伤身体 B 又花钱 C,你非要抽 D 吗?(不可)
6. A 做会计的 B,一就是一、二就是二 C,丝毫马虎 D 啊!(不得)

二、HSK 仿真题:找出下面句子中有错误的一部分,并改正过来。

1. 毛伟是湖南人,特爱吃辣的,每顿饭有辣椒不可,不然的话,就不想吃饭。
A　B　C　D

2. 寒假快到了,我想跟好朋友一起去海南旅行,不过,她最近身体不太好,也不知道最后去不得去得。
A　B　C　D

3. 今天来上班的路上堵车了,进不得,也退路不得,堵了半个多小时,真把我急坏了。
A　B　C　D

4. 老李的胃病犯了,吃饭不得,吃了这种进口药以后,他觉得好多了。
A　B　C　D

5. 母亲生病住院,你怎么能离开呢? 这次去西藏开会非得你不去不可吗? 不能让小赵去吗?
A　B　C　D

6. 都这么大的人了,还爱耍小孩子脾气,要别人让着她非不可,这怎么行呢?
A　B　C　D

三、用(　　)中的动词(或动词短语)和“不得”或“不可”完成下列句子。

1. 那是一条高速公路,自行车______________________。(骑)
2. 我说这套家具又贵又不实用,可她不听我的,_____________。(买)
3. 大家注意了,要是坐飞机去,那这种刀可______________。(带)
4. 你把手表偷偷地卖了去买游戏卡,这事要是让你爸爸知道了,______。(骂)
5. 我们邻居老张整天大把大把地吃着那些药丸似的保健品,也不知道______。(吃)
6. 别看这雨小,还挺密的,你要是不打伞,_______________。(淋)

四、选择“不得”“不可”填空。

1. 你年纪轻轻时不好好学习、努力工作,等到年纪大了,一事无成,非后悔(　　)。
2. 开车上路可急(　　),宁停三分、不抢一秒,否则的话,出了车祸,会抱憾终生的。
3. 现在的瓜果蔬菜好多都使用了农药,不洗干净,可吃(　　),弄不好会闹肚子的。
4. 他这个人啊,是个完美主义者,要么不做,一旦做上,就非要做到最好(　　)。
5. 这孩子真是,好端端的手表非拆开来看看(　　),看完了自己又没本事装上了。
6. 她的话啊,水份太多,信(　　)的,我劝你最好别当真。

参考答案

一、1. D　2. D　3. D　4. C　5. D　6. D

二、1. C,改为“每顿饭非有辣椒不可”
2. D,改为“也不知道最后去得去不得”
3. B,改为“进不得,也退不得”
4. B,改为“吃不得饭”
5. C,改为“这次去西藏开会非得你去不可吗?”
6. C,改为“非要别人让着她不可”

三、1. 骑不得　　2. 非要买不可
3. 带不得　　4. 非(/非得)骂你不可
5. 吃得吃不得　　6. 非淋湿了不可

四、1. 不可　　2. 不得
3. 不得　　4. 不可
5. 不可　　6. 不得

第五课 似的 般

讲一讲

汉语中用于比喻句或说明相似的助词，可称为比况助词。本课主要讲这类助词“似的”和“般”。

一、似的

助词“似的”（shìde）一般用在名词、代词或动词后面，表示跟某种事物或情况相似。前面常出现“像”“好像”“仿佛”“跟”等词语。多用于书面语。也有写成“是的”的，但较少。

其常用结构形式主要有以下三种：

1. “（像/好像）＋名词＋似的”。多用于比喻。如：

   观众的来信像雪片儿似的，多极了。

   她是个急性子，走起路来一阵风似的。

   这个孩子怎么像猴子似的，一刻也闲不下来。

   老人布满皱纹的双手好像老树皮似的，粗糙不堪。

   小时候哭起来像小猫似的李小康现在长成大小伙子了。

2. “像＋代词＋似的”。一般表示相似情况。如：

   你用筷子怎么像她似的，反着拿？

   我不想像你似的，每天除了工作还是工作！

   你千万别像他似的，整天抽烟、喝酒、打麻将！

3. “动/形/动形短语＋似的”。主要表示情况相似。如：

   她像见到了鬼似的大叫起来。

   试验成功的那几天，我仿佛做梦似的。

   你怎么像哭过似的，眼睛红红的？

   他傻了似的，呆呆地站在那儿，一动也不动。

提示

(1) 在第一种用法中，与“像/好像……似的”类似的还有“跟……似的”“如(如同)……一般/一样”“宛如(/犹如)……一般”。如：

她非常漂亮，好像仙女似的(/一般/一样)。

她非常漂亮，跟仙女似的。

她非常漂亮，如同仙女一般。

她非常漂亮，宛如仙女一般。

以上例句中的"如""如同""宛如""犹如"等书面语色彩较强，常与"一般"搭配使用，而不与口语色彩强的"一样"一起用。下面的句子是错的：

＊她非常漂亮，宛如仙女一样。

(2) 在第二种用法中，一般代词前都要有"像"(多用于书面语)或"跟"(多用于口语)，只有用疑问代词(如"什么"等)时，才可省略。如：

刘大江的学生证丢了，现在急得(跟)什么似的！

她终于找到了一份理想的工作，高兴得什么似的！

(3) 在上述几种用法中，如果"似的"跟在单音节词后面，前面的"像"不能省略；如果不用"像"，则必须在单音节词后加上"也"字。如：

发令枪一响，运动员们就像飞似的跑了出去。

发令枪一响，运动员们就飞也似的跑了出去。

汽艇像箭似的冲向湖心。

汽艇箭也似的冲向湖心。

(4) "像"前面有时可加"就""才""简直"等副词，有增强肯定、反驳或夸张语气的作用。如：

A：你怎么像没吃过饭似的，有气无力的！

B：你才像没吃过饭似的呢！(反驳对方)

她走起路来简直就像鸭子似的，一摇一摆，难看死了！

(5) "跟……似的"与"跟……一样"的意义和用法并不完全相同。两个结构都可表示比喻。如：

她病了，脸色苍白，就跟白纸似的。(比喻与白纸相似)

她病了，脸色苍白，就跟白纸一样。(比喻跟白纸没有两样，程度较上面的重)

另外，"跟……一样"还可以用于说明某个事实：两种事物或人经过比较没有差别；"跟……似的"没有这种用法。如：

这本书跟那本书一样，都是关于汉字文化的。

＊这本书跟那本书似的，都是关于汉字文化的。

二、般

"般"(bān)既可作量词、形容词，也可作助词。作助词时，意思是"似的""一样"。用法与"似的"接近，但也有区别。其常见结构形式是"名词＋般＋的＋(名词)"。多用于比喻。如：

他现在过上了神仙般的生活。

阿美有一双蓝宝石般的大眼睛，漂亮极了！

这种洗面奶非常好，用起来有种丝绸般的感觉。

人们没想到明珠般的太湖居然被污染成了这样！

1. 因"般"是单音节词，后面紧跟"的"，所以在"名词＋般＋的＋(名词)"这种结构中，前面多不出现"像"，如上面的例句；如用"像"，结构中的"般"一般要换成形容词"一般"或"一样"，意思不变，只是"一样"的口语色彩更重。如：

他现在过上了像神仙一般的生活。

阿美有一双像蓝宝石一般的大眼睛，漂亮极了！

2. “名词+般+的”组成的短语，在句中一般作定语，修饰紧跟其后的中心词（名词或名词性短语）。“名词+般+的”短语有时也可作状语，限制描写后面的动词或形容词，但这种情况比较少。另外，极个别形容词后也可跟“般地”。如：

王教练总是魔鬼般地训练他的足球队员。

瘫痪了三年的徐丽竟奇迹般地站了起来。

夜深了，山上到处死一般地寂静。

3. 这种结构中紧跟助词“般”后的“的”不可缺少。如下面的句子是错的：

*她的笑容给了我春天般温暖。

改：她的笑容给了我春天般的温暖。

4. 比较性总结：

（1）“……似的”：使用范围广，可跟在名词、代词、动词、形容词的后面；所组成的短语在句中多作谓语、状语、补语，有时也可作定语；它常与“像”“好像”构成“像（/好像/跟）……似的”格式；既可用于比喻，也可表示相似的情况。

（2）“……般”：使用范围小，一般都跟在名词后，组成“名词+般+的”短语，在句中多作定语，有时也可作状语，但一般不作谓语或补语。另外，前面多不用“像”“好像”。

（3）“一般”：是形容词，不是助词。但与“……似的”“般”意思接近，有时也可用在“像……一般”“如（如同）……一般/一样”“宛如（/犹如）……一般”等句式中，表示比喻或相似的情况。

（4）“一样”：同“一般”，也是形容词。也可用在“像……一样”句式中，口语色彩较重，但它与“跟……一样”的意思、用法有所不同。

练一练

一、选择下列词语填空。

……似的　般　一般　一样　的

1. 中秋节的月亮又圆又亮，像只银白色的大月饼（　　）。
2. 许多年过去了，可她那阳光（　　）笑容我依然记得非常清楚。
3. 现在，很多女孩子都想拥有天使（　　）的面孔和魔鬼（　　）的身材。
4. 有些年轻人花起钱来如流水（　　），没到月底钱包就空了，被人称为“月光族”。
5. 大象的两只耳朵扇子（　　）来回扇动，可以赶走蚊蝇。
6. 这几天他累得很，感到浑身像散了架（　　）。
7. 小雪6岁了，红苹果般（　　）脸蛋、黑葡萄（　　）的眼睛，真是可爱极了！
8. 在美国留学期间，我和大民、小刚就像亲兄弟（　　）住在一起，互相关心、互相帮助，顺利地完成了学业。

二、HSK 仿真题：在下面的 ABCD 中选择唯一恰当的答案。

1. 有什么开心的事儿？看你笑得像朵花儿______。

A. 般　　B. 似　　C. 似的　　D. 的

2. 他胃疼得很厉害，脸上满是黄豆______大小的汗珠。

A. 一样的　　B. 一般的　　C. 般　　D. 是的

3. 遇到什么麻烦？怎么像霜打的茄子______？

A. 似　　B. 似的　　C. 好像　　D. 样子

4. 有一次我生病了，张老师就像我妈妈______喂我吃药，无微不至地照顾我。

A. 一样　　B. 般的　　C. 般　　D. 似

5. 这些年来，你所给与我的亲人______关怀，让我永生难忘！

A. 似　　B. 般　　C. 般的　　D. 一样

6. 年轻人就要有年轻人的朝气，别整天没睡醒______。

A. 似的　　B. 样的　　C. 般的　　D. 好像

7. 这件衣服对你来说太合身了，简直就跟量身定做的______。

A. 般　　B. 一样　　C. 般的　　D. 似乎

8. 杨丽萍在跳孔雀（kǒngquè）舞时，真的宛如一只美丽的孔雀______，太美了！

A. 像　　B. 般　　C. 一般　　D. 一样

三、正确搭配Ⅰ、Ⅱ两组的句子。

Ⅰ组

1. 孩子的小手冻得很红
2. 你可别像他似的
3. 很多外国人初次使用筷子的时候
4. 这两天太太出差了
5. 她最近睡眠不好
6. 果然不出所料，大山的演讲大获成功
7. 生日那天，朋友们祝福的话语
8. 得到父母的夸奖

Ⅱ组

A. 40 岁前拼命挣钱，40 岁以后就四处看病
B. 像小胡萝卜似的
C. 他的话音刚落，台下就响起了雷鸣般的掌声
D. 如春风一般，温暖了她的心
E. 他既要上班，又要买菜烧饭、接送孩子，忙得什么似的
F. 小红的心里像喝了蜜似的甜滋滋的
G. 眼圈儿黑黑的，像熊猫似的
H. 就像用叉子似的，把筷子抓在手里

四、用（　）中的词语完成句子。

1. 一到春天，我们的校园里到处都是花，______________________。（花园；似的）
2. 青海湖真大啊，______________________。（简直；海洋）
3. 他笑得眼泪都出来了，______________________。（哭；似的）
4. 赛场上，枪声一响，刘翔就______________________。（飞；一般）
5. 这手机______________________，按键不太灵呢。（二手货；似的）
6. 她的声音很响亮，就______________________，老远就能听到。（大喇叭；一样）
7. 到底是习武之人，都这把年纪了，______________________。（般；灵活）
8. 阿丽宛如仙女一般，______________________，不知迷住了多少男青年。（秋水；般；眼睛）

五、HSK 仿真题：找出下面句子中有错误的一部分，并改正过来。

1. 我觉得 自从李经理上任后，在短短的三个月里，我们的公司就发生了奇迹的变化。
   A　　B　　C　　D

2. 老江啊，听说她最近忙得什么，连饭都顾不上吃，你知道吗？
   A　　B　　C　　D

3. 她的那句话，简直就一把刀子似的，深深地刺痛了我的心，伤了我的感情！
   A　　B　　C　　D

4. 都说苦瓜营养好，可吃这苦瓜的味道，我觉得就像药一般，难吃极了。
   A　　B　　C　　D

5. 他怎么也没想到，在这儿也会遇见熟人，他立刻慌了，逃也一样离开了。
   A　　B　　C　　D

6. 别一只蚊子似的，老在我身边"嗡翁"地叫，我正忙得不可开交呢，难道你没看到吗！
   A　　B　　C　　D

7. 虽然她长相一般，但她有一颗天使一般心，特别善良，我非常喜欢她。
   A　　B　　C　　D

8. 别他似的，"三斤鸭子两斤嘴"，光会说大话，不会干实事。
   A　　B　　C　　D

9. 我知道 她是那儿的"金牌"服务员，那花儿一样笑容的 招徕了不少回头客呢。
   A　　B　　C　　D

10. 王小雨，你怎么走得这么慢啊！蜗牛(wōniú)般的，怎么，累了吗？
    A　　B　　C　　D

参考答案

一、1. 似的/一样/一般　　2. 似的
　　3. 般；般　　4. 一般
　　5. 般/似的/一样/一般　　6. 似的
　　7. 的；似/般　　8. 似的/一样

二、1. C　2. C　3. B　4. A　5. C　6. A　7. B　8. C

三、1. B　2. A　3. H　4. E　5. G　6. C　7. D　8. F

四、1. 像个花园似的　　2. 简直就像海洋一样
　　3. (像)哭了似的　　4. 飞一般的冲了出去

5. 跟二手货似的

6. 好像大喇叭一样

7. 腿脚还如猿猴般灵活

8. 她那秋水般的大眼睛

五、1. D,改为“我们的公司就发生了奇迹般的变化”

2. B,改为“听说她最近忙得什么似的”

3. B,改为“简直就像一把刀子似的”

4. B,改为“可这苦瓜的味道”

5. D,改为“逃也似的离开了”

6. A,改为“别像一只蚊子似的”

7. B,改为“但她有一颗天使般的心”

8. A,改为“别像他似的”

9. C,改为“花儿一样的笑容”

10. C,改为“蜗牛似的”

第六课 得了 也罢(也好) 起见

试一试

HSK 仿真题:把(　　)中的助词放在适当的位置上。

1. 这件事 A 你开始 B 不答应 C,答应了就该认真做好 D,不是吗?(也罢)
2. 在他们家 A,大人 B,小孩儿也好,都特别 C 喜欢运动 D。(也好)
3. 你选修现代文学课 A,这样我们 B 每个星期就 C 有两个下午一起上课 D 了。(得了)
4. 为 A 保证 B 安全 C,请大家都穿上救生衣 D。(起见)
5. 真不想出去 A 的话,就在家呆着 B,不但省力气 C,还省钱 D 呢。(得了)
6. 为了慎重 A,我们起草了这份合同书以后 B 广泛征求了各个部门 C 的意见 D。(起见)

讲一讲

本课分别讲一讲"得了""也罢(也好)"和"起见"这几个助词的用法。

一、得了

助词"得了"(déle)一般用于陈述句句末,表示肯定,有加强语气的作用。多用于口语中。如:

公共汽车太挤了,我看咱们还是骑自行车去得了。

这个面包我吃了得了,明天早上给你买包子,怎么样?

你瞧,这雨下得那么大,怎么爬山呢?你明天再去黄山得了。

你选修现代文学课得了,这样我们每个星期就有两个下午一起上课了。

真不想出去的话,就在家呆着得了,不但省力气,还省钱呢。

1. 使用助词"得了"的句子往往表明一种态度,前面或后面一般有说明原因或理由的小句,除非在具体语言环境(如对话)中,一般不单独使用,否则,不容易使人明白。请看下面的几组句子:

A. 我们周末包饺子得了。

B. 我们周末包饺子吃得了,我好久没吃饺子了,馋得慌。

C. 我好久没吃饺子了,馋得慌,我们周末包饺子吃得了。

D. 妈妈:小雨,我们周末怎么吃?包饺子吃还是出去吃火锅?

小雨:我们周末包饺子吃得了。

A 句本身并没有问题，但单独使用，缺少必要的说明，显得不完整。B、C、D 三句中，用“得了”的小句前面或后面另有说明的小句，或有语言环境，则比较合适。

2. “得了”除了助词用法外，还有动词用法，与“算了”“行了”的意思相近。一般用于口语。与助词“得了”不同的是，它用于结束谈话时，可放在主语后，也可单用“得了”或“得”，所表示的语气由后面所跟的句子语义决定，可表示同意、反对、禁止或决定等多种意义。如：

得，就按你说的办吧，我没什么意见。（后面跟表示同意的句子，“得”表示同意）

得了吧，这种好事什么时候轮到过我呢！

（后面跟表示怀疑的句子，“得了”表示不相信的语气）

你得了吧，别提帮忙的事儿了，你哪次不是光说不做？

（后面跟表示禁止的句子，“得了”表示禁止）

得了，你没有空儿的话，我替你出这趟差吧。

（后面跟表示决定的句子，“得了”表示作出决定的肯定语气）

二、也罢

助词“也罢”（yěbà）主要有以下三种用法：

1. 多用于否定句句末，句子通常表示的是不符合说话者想法的事实、意见或决定等，用“也罢”表示说话者容忍或承认，只得如此，有“算了”“也就算了”的意思。后面有时跟承接句。如：

他不喜欢吃拉面也罢，那就咱们俩吃吧。

你不想做作业也罢，那就先干你想干的事吧。

这件事你开始不答应也罢，答应了就该认真做好，不是吗？

有时后面跟转折句。如：

他不喜欢吃拉面也罢，但不该说喜欢吃拉面的人都懒惰（lǎnduò）啊！

你不想做作业也罢，可为什么不让别人做作业呢？

或者前面有表示原因的句子。如：

他既然身体不好，不来也罢。

2. 放在“即使……”小句的句末，可用于肯定句。对某情况表示容忍、原谅。如：

即使你一时交不出全部学费也罢，以后补吧。

即使他已经退出了也罢，我们剩下的人还得接着干下去。

“也罢”也可单用，但后面一般还要有句子，多是表示说话人的决定或意见的句子。如：

也罢，你在家休息吧，我一个人去超市买东西。

也罢，我们今天先准备材料，明天下午再开会讨论，这样更好。

3. 用于句中停顿处，“也罢”前一般是意义相关或相反的名词、动词及其短语甚至小句，常两个或几个连用，列举多种情况，与表示“任何情况下都如此”含义的句子（如“无论……都”等）搭配使用。如：

在家也罢，在单位也罢，她都是手不停脚不住地忙碌，总有做不完的事。

这个会你去也罢，他去也罢，只要你们俩当中有一个人参加就行。

这种真丝睡衣无论自己用也罢，当礼物送人也罢，都很合适。

在我们公司，总经理也罢，部门主管也罢，普通职员也罢，都在公司的餐厅吃午饭。

上述第三种用法中的“也罢”也可换用另一个助词“也好”（yěhǎo），这样会使句子的语气轻一些。请比较下面的句子：

男孩儿也罢，女孩儿也罢，都需要父母亲的关爱。

男孩儿也好，女孩儿也好，都需要父母亲的关爱。

再如：

在他们家，大人也好，小孩儿也好，都特别喜欢运动。

上述第一种用法中的“也罢”如表示容忍，后面接的句子是顺着前一句的意思的（认为前一句有一定道理），可以换成“也好”；反之，则不能换用“也好”。请看下面的句子：

你不选这门课也罢，留出一些时间来选别的也成。

你不选这门课也好，留出一些时间来选别的也成。

√你不选这门课也罢，你既然选了，就该去上，不是吗？

？你不选这门课也好，你既然选了，就该去上，不是吗？

三、起见

助词“起见”（qǐjiàn）一般与介词“为”或“为了”一起组成“为（了）……起见”介词短语，用于句子前面或句中作目的状语。其基本结构形式是“为（了）……起见，……”。如：

她们为了保险起见，不但提前买好了火车票，而且提前预订了房间。

这家旅游公司为方便游客起见，在苏州各城区都设立了分公司。

为礼貌起见，小文在信里用了“您好”，而不是“你好”。

为保证安全起见，请大家都穿上救生衣。

为了慎重起见，我们起草了这份合同书以后广泛征求了各个部门的意见。

1. 在“为了……起见”之间常用的词语有“安全、准确、保险、保密、清楚、方便、简便、节省、节约、慎重、重视、礼貌”等这些动词或形容词，也可以是短语，如“为节约成本起见”“为方便当地群众生活起见”等。

2. “为（了）……起见”这个介词短语可以放在主语前，也可放在主语后，如例句。

3. 有时，“为了……起见”中的助词“起见”可以省略，但语气显得短促、生硬些。请比较下面两个句子：

为便于称呼，我给他取了一个中文名字。（语气短促而生硬）

为便于称呼起见，我给他取了一个中文名字。（语气舒缓而婉转）

练一练

一、HSK 仿真题：在下面的 ABCD 中选择唯一恰当的答案。

1. 为了______起见，你每天早上最好吃营养丰富的早餐。

A. 节省　　B. 礼貌　　C. 真确　　D. 健康

2. 别人不理解我______，可你作为我的好朋友，怎么也不理解我的决定呢？

A. 也罢　　B. 罢了　　C. 也好　　D. 算

3. ______，小张怎么能负责这个项目呢？他刚来公司，对项目一点也不了解啊。

A. 罢了　　B. 得了　　C. 也算　　D. 也就算了

4. 为了慎重______，你最好先摸清那个人的底细，再跟他合作。

A. 起见　　B. 起来　　C. 而已　　D. 罢了

5. 老师______,同学______,都觉得王平勤学上进,是个好学生。

A. 罢;罢　　B. 也好;也好　　C. 也是;也是　　D. 也算;也算了

6. 明天的比赛即使你不参加______,反正还有替补队员呢,你就好好休息两天吧。

A. 也算　　B. 也好　　C. 罢了　　D. 也罢

7. 周末游览园林的人那么多,我们干脆下周一去______,估计那时候人会少点。

A. 也许　　B. 大概　　C. 得了　　D. 也好

8. 您不去______,天气这么热,您真要去的话,我还担心您的身体呢。

A. 也罢　　B. 罢了　　C. 不可　　D. 而已

二、HSK 仿真题:找出下面句子中有错误的一部分,并改正过来。

1. 阿明,我这儿有两张电影票,是今天晚上 7 点的,但我临时有事不能去,干脆你和小王去看也罢。

A　B　C　D

2. 这个销售计划,你同意也好,不同意不好,总该跟我们说一声吧?

A　B　C　D

3. 因为保险起见,马克又打了个电话给房东,确认了一下地址,然后才和阿里一起出门的。

A　B　C　D

4. 得了也罢,我才不会生气呢!他喝醉酒以后说的话,我是不会当真的。

A　B　C　D

5. 为了安全起见,你最好系上安全带;你不想系罢了,但得坐到后排的座位上来。

A　B　C　D

6. 现在是旅游旺季,即使坐火车得了,那也要预先订票,不然就可能去不了北京。

A　B　C　D

7. 既然我们都不能喝酒,不喝也好了,我们就要些饮料吧,比如可乐、酸奶什么的。

A　B　C　D

8. 周末天气好的话,我们爬山去罢了,听说山上的枫叶都红了,景色一定美极了。

A　B　C　D

三、用(　　)中的词语完成下列句子。

1. 节假日的时候游人太多了,________________________________。(得了)

2. ________________________________,还是下车推行吧。(为了……起见)

3. ________________________________,干脆你去得了。(熟悉)

4. ________________________________,就让他学法语吧。(也罢,既然)

5. 为了节约起见，＿＿＿＿＿＿＿＿＿＿＿＿＿＿＿＿＿＿＿＿。（吃不完打包）

6. ＿＿＿＿＿＿＿＿＿＿＿＿＿＿＿＿，都必须经过这条路。（骑车；开汽车；也罢）

参考答案

一、1. D 2. A 3. B 4. A 5. B 6. D 7. C 8. A

二、1. D，改为“干脆你和小王去看得了”

2. C，改为“不同意也好”

3. A，改为“为了保险起见”

4. A，改为“得了（吧）”

5. C，改为“你不想系也罢”

6. B，改为“即使坐火车也罢”

7. B，改为“不喝也罢”

8. B，改为“我们爬山去得了”

三、1. 我们还是改个时间再去得了

2. 为了安全起见

3. 你那么熟悉那里的情况

4. 也罢，既然他对法语有兴趣

5. 还是把吃不完的菜打包吧

6. 骑车也罢，开汽车也罢

第七课 与助词相关的固定短语

试一试

HSK 仿真题：在下面的 ABCD 中选择唯一恰当的答案。

1. 这家饭店是五星级的，他们的服务态度______。

A. 真是的　　B. 没说的　　C. 有的是　　D. 什么的

2. 这篇文章太难了，就是汉语专业的研究生也______能翻译好。

A. 不得不　　B. 不由得　　C. 由不得　　D. 不见得

3. 你______吧，别跟一个不懂事的孩子生气了。

A. 算了　　B. 好了　　C. 吹了　　D. 是了

4. 你出去旅行的时候最好带上个小闹钟，一定______的。

A. 犯得着　　B. 犯不着　　C. 用得着　　D 用不着

5. 上午 10:30 的飞机，我们 8:00 出门______吗？

A. 看得起　　B. 看不起　　C. 对不起　　D. 来得及

6. ______，有效的方法不但适用于学习英语，也适用于学习汉语。

A. 别提了　　B. 得了　　C. 一般地说　　D. 总来说

讲一讲

要学好汉语，熟悉、掌握大量的汉语固定短语是非常必要的。在常用的汉语固定短语中，除了成语及四字格词语外，口语中常用的固定短语有一半左右都与助词相关。请看下表所列与助词相关的常用固定短语及其语义、例句：

助词	序号	固定短语	表达语义	例句
的	1	好样的	夸有骨气、有胆量、有作为的人	她用智慧治服劫犯，救出了孩子们，真是好样的！
	2	没说的	表示完美、没有缺点	这种数码相机的质量没说的，我信得过。 这家饭店是五星级的，他们的服务态度没说的。
			表示完全可以、不成问题	你的事没说的，我一定马上办好。
			表示没商量余地、不可辩解	他是他，我是我，我和他没说的。
	3	去你的	表示反对、禁止对方的言行	去你的，我才没有你说得那么小气呢！
	4	有的是	表时间、数量多，常作谓语	汉语词典图书馆有的是，你可以去借。
	5	真是的	说话人有不满	十多岁的孩子还这么不懂事，真是的！

续表

助词	序号	固定短语	表达语义	例句
	6	总的来说	表示下面是总括性的话	他喜欢弹吉他，他妹妹爱唱歌，总的来说，他们都爱好音乐。
地	7	一般地说	表示下面的话是普遍、通常的情况，也可说成“一般来说”	一般地说，上下车、进出门，都应该让女士先行。 一般地说，14到16岁的孩子逆反心理比较强。 一般地说，有效的方法不但适用于学习英语，也适用于学习汉语。
得	8	不得不	没别的办法，必须如此	自行车坏了，她不得不步行到学校。
	9	不见得	不一定	我们老师也不见得认识这个生僻字。 这篇文章太难了，就是汉语专业的研究生也不见得能翻译好。
	10	不由得	不允许	他说得很肯定，不由得你不相信。
			不禁的意思，有时也可说“由不得”	登机的时间快到了，可小张还没来，我不由得紧张起来。 他滑稽的样子让大家由不得笑了起来。
	11	△对得起	对人没有愧；不辜负	我只有努力学习，才能对得起我的父母。
	12	△犯得上	值得，多用于反问句，也可说成“犯得着”	为了一点儿小事，跟他们吵架，你犯得上吗？
	13	顾不得	因着急、匆忙或事情太多而无法照管或来不及考虑	听到有人掉到河里了，他顾不得脱衣服就跳到河里救人了。
	14	过得去	生活上没困难	她虽然工资不高，但生活上还过得去。
			过意，多用于反问句	你又帮忙，又花钱，叫我心里怎么过得去呢？
			说得过去	朋友过生日，你买了一只大蛋糕，过得去了。
	15	恨不得	表急切希望，但不能马上实现	我恨不得马上飞回家去！（常用“马上”“立刻”）
			表示主观感情，略带夸张	他太累了，恨不得一连睡上三天！
	16	△看得起	表示对人或事重视	你该知道，让你当秘书是经理看得起你。
	17	△来得及	还有时间、赶得上或考虑到	吃了饭再去也来得及。 她刚学书法，还来得及纠正错误的姿势。 上午10:30的飞机，我们8:00出门来得及吗？
	18	△用得着	有用、有必要的意思	你出去旅行的时候最好带上个小闹钟，一定用得着的。 不过丢了辆自行车而已，你用得着这么伤心吗？
了	19	别提了	即别说了，多因事情不好而不愿谈	考试的事你别提了，他考砸了，正伤心呢！ 过去的事就别提了，提起来大家都不开心。
	20	吹了	事情失败；交情或感情破裂	苏立集团和信达公司合作的事儿吹了！ 他们俩谈了三年的恋爱，最近却吹了！
	21	算了	不再计较或停止某动作	吃饺子要排队，算了，咱去吃快餐吧。 你算了吧，别跟一个不懂事的孩子生气了。
	22	就是了	表示只管去做，不必有顾虑	你有什么话说出来就是了。
			表示如此而已，同“罢了”	他也想家，只是不说就是了。

续表

助词	序号	固定短语	表达语义	例句
	23	又来了	（人或事物）再次出现	刚解决一个问题，新的问题又来了。 果然不出所料，张明第二天又来了。
			不希望的事情重复出现	又来了不是？除了抱怨，你就不能说点儿别的？
着	24	闹着玩儿	用言行戏弄人、跟别人开玩笑	他跟你闹着玩儿的，你别当真！

1. 这些固定短语中的助词一般都必须带上，不能省略。只有“就是了”的句末“了”有时可以不带，但会使句子的肯定语气有所减弱。

2. 上表中左上角带“△”的短语有否定式：把相关助词“得”换成否定副词“不”，即“对不起”“犯不上”“看不起”“来不及”“用不着”，它们表达与原肯定式相反的意思，也是常用的固定短语。

3. 表中“不由得”可换用“由不得”。不过，“由不得”还含有“不能由……做主”的意思，这样的句子则不能换用“不由得”。如：

这件事得总经理决定，由不得我。

*这件事得总经理决定，不由得我。

4. 这些固定短语在句子中可担当一定的句子成分，也可作插入成分。如短语1、2、4等作谓语；8、9等作状语；11、12、16、18等短语本身是动补结构，在句子中也可作谓语成分；而6、7等可看作插入语。

练一练

一、HSK仿真题：把助词“的”放在适当的位置上。

1. 虽然他父亲A就是一个大老板，有B是钱，但他上大学C后一直打工，从不乱花D钱。

2. 作为迎宾A小姐，她既和善、友好，又热情、周到B，总C说来D，客人对她的评价都是挺高的。

3. 近几年，“亚洲飞A人”刘翔在国际比赛中多次为中国争了光B，真C是好样D！

4. 你去过大连吗？我觉得那儿的气候没说A，真B想在这儿C定居D呢。

5. 去你A，我好朋友才不像你说的那样吝啬（lìnsè）呢！不然B，我怎么C会和他交朋友D呢。

6. 那么点儿小忙A，你不帮也就算了B，还说那么多废话C，真是D！

二、HSK仿真题：在下面的ABCD中选择唯一恰当的答案。

1. 除了高原气候有点不太适应，________，我们这次的西藏之旅还是挺愉快的。

A. 一般地说　　B. 总的说来　　C. 真是的　　D. 没说的

2. 我这个人对物质生活的要求并不高，不管吃的、穿的，还是用的，______就行。

A. 用得起　　B. 说得去　　C. 过得去　　D. 有的

3. 离正式比赛只有两个星期了，你们的球队还没组建起来，______吗？

A. 来得及　　B. 来不及　　C. 用得着　　D. 真是的

4. 由于双方都缺乏诚意，因此，合作的事终于在分歧较大的争论中______。

A. 散了　　B. 算了　　C. 别提了　　D. 吹了

5. 虽然他家的经济条件很差，但他始终自立自强，因此从来没人______他。

A. 瞧得起　　B. 瞧不起　　C. 别提　　D. 用得着

6. 这些天我太忙了，每天都要加夜班，我真______不吃不喝地睡上三天三夜。

A. 恨不得　　B. 真恨得　　C. 恨得慌　　D. 不恨得

7. ______，就按你说的价格吧，但是你得保证产品质量，并要送货上门。

A. 不得了　　B. 不由得　　C. 得了　　D. 恨不得

8. 都过了吃晚饭的时间了，可我女儿还没回来，______我不担心啊！

A. 不由得　　B. 不值得　　C. 不见得　　D. 顾不得

三、HSK 仿真题：找出下面句子中有错误的一部分，并改正过来。

1. 自行车在半路上坏了，他不得推着车，走着回家，把他累了个半死。
(A 自行车在半路上坏了；B 他不得推着车；C 走着回家；D 把他累了个半死)

2. 三天没好好吃上一顿了，妈妈端上饭菜后，她也顾得上自己的淑女形象了，马上狼吞虎咽地吃了起来。
(A 三天没好好吃上一顿了；B 妈妈端上饭菜后；C 她也顾得上自己的淑女形象了；D 马上狼吞虎咽地吃了起来)

3. 小张，你怎么能放弃这个项目呢？这样半途而废，对不起你半年多的辛苦努力吗？
(A 小张；B 你怎么能放弃这个项目呢；C 这样半途而废；D 对不起你半年多的辛苦努力吗)

4. 教授家的孩子没见得学习就好，良好的学习氛围固然重要，但关键在于孩子自己的努力，学习的事是家长包办不了的。
(A 教授家的孩子没见得学习就好；B 良好的学习氛围固然重要；C 但关键在于孩子自己的努力；D 学习的事是家长包办不了的)

5. 昨天的比赛别提！本来我们还是有一线希望的，可没想到失误太多，结果大败而归。
(A 昨天的比赛别提；B 本来我们还是有一线希望的；C 可没想到失误太多；D 结果大败而归)

6. 你想吃什么，尽管去点只是了，今天我请客，你可千万别客气啊。
(A 你想吃什么；B 尽管去点只是了；C 今天我请客；D 你可千万别客气啊)

7. 作为一名留学生，只学了三个月的汉语，汉字能写成这样，过去了。
(A 作为一名留学生；B 只学了三个月的汉语；C 汉字能写成这样；D 过去了)

8. 她不过是个孩子，再说，这也不是什么大不了的事，你值得上跟她计较吗？
(A 她不过是个孩子；B 再说；C 这也不是什么大不了的事；D 你值得上跟她计较吗)

参考答案

一、1. B 2. C 3. D 4. A 5. A 6. D

二、1. B 2. C 3. A 4. D 5. B 6. A 7. C 8. A

三、1. B,改为“他不得不推着车”

2. C,“顾得上”改为“顾不得”

3. D,“对不起”改为“对得起”

4. A,“没见得”改为“不见得”

5. A,“别提”改为“别提了”

6. B,“只是了”改为“就是了”

7. D,“过去了”改为“过得去了”

8. D,“值得上”改为“犯得上”

第八课 与助词相关的常用口语句式

讲一讲

由于助词在口语中使用广泛，不少口语中常用的固定短语和句式也多与助词一起构成，鉴于此，本课将与助词相关的口语句式一一列出，并指明要点、给出例句。

1. X(了)就X了吧/呗：X多为动词或动词短语，含有让步的语气。例：

   一盒冰淇淋，吃了就吃了呗，我明天再买。

   一本杂志而已，丢就丢了吧，我看过了，不要赔了。

2. X就X点儿吧：X多是形容词，也含有让步的意思。如：

   脏就脏点儿吧，反正回家就要洗澡的。

   早就早点儿吧，总比迟到好。

3. 叫/让你X你就X呗：X为动词。如：

   妈妈叫你去你就去呗，不就是一起吃顿饭吗？不会耽误你很长时间的。

   经理让你当销售科长你就当呗，别辜负了经理的希望。

4. X是X了：X为动词或形容词，常用于转折复句的前一小句。如：

   高大山来是来了，不过他因为脚扭伤了，不能参加比赛。

   那件衣服买是买了，但她好像不太满意。

5. (就)看X的了：X一般为名词或人称代词。如：

   这次试验能不能成功，就看你的了。

   大卫是留学生足球队的队长，明天的比赛就看他的了。

6. 看/瞧你X的：X为动词或动词短语。如：

   看你说的，好像我不相信你似的。

   昨天的唱歌比赛他得了第一名，瞧他得意的，手舞足蹈的！

7. 不知怎么(X)的：X为动词。如：

   不知怎么的，她最近一直不想吃饭。

   不知怎么搞的，老李到现在还没来上班。

8. 哪有X这么Y的：X为人称代词或名词；Y为动词、形容词或谓词短语。如：

   包饺子哪有你这么包的？我还从来没见过呢。

   大学生哪有他这么笨的？信封上连收信人的地址也没写！

   朋友结婚哪有他这么送礼的？只在礼金袋里放了张欠条，真有他的！

9. 你X你的吧：X多为动词或形容词。如：

   你忙你的吧，我在这儿坐一会儿就走。

你走你的吧,我来送孩子上学。

10. 什么X不X的:X为名词或形容词。如:

只住一个晚上,什么条件不条件的,能有个睡觉的地方就行了。

什么好吃不好吃的,能吃饱肚子就行。

11. 什么X的Y的:X、Y多为人称代词或形容词。如:

什么你的我的,一家人还分什么你我。

什么大的小的、红的青的,只要是苹果,他都爱吃。

12. 有什么好X的/没什么好X的:X为动词或形容词,多用于反问句。

我能有什么好说的?你们都已经决定了。

就做这么几个菜,有什么好忙的?

不过赢了场球儿而已,没什么好激动的。

13. 我的X:X为名词。多用于感叹或反问,含夸张语气。如:

我的天哪!这么多人啊!

我的妈呀,你这叫什么发型啊?

14. X不得,Y不得:X、Y一般都是动词。如:

由于电梯出了问题,他们被困在电梯里20多分钟,上不得,下不得,吓坏了。

这些过期的食品吃不得,也卖不得,扔了吧。

15. 看把XY得:X为人称代词或名词,Y为形容词。如:

看把你累得,你快坐下来休息休息吧。

看把老人气得!你究竟说了什么不该说的话?

16. X着也是X着,(不如):X为动词。如:

你现在闲着也是闲着,还不如去爬山呢。

我们今天在家呆着也是呆着,不如去书城逛逛,也许能买到喜欢的书呢。

17. 放着X不Y,(却/偏)……:X多为名词,Y多为动词。如:

这个孩子放着好好的书不读,却要参加什么登山俱乐部。

你放着大房子不住,偏要住这么小的房子。

18. X也好/也罢,Y也好/也罢:X、Y可都是名词或代词,也可以是动词或短语。

你也罢,你哥哥也罢,都不能学抽烟。

吃面条也好,吃米饭也好,我都无所谓。

19. 还(是)X呢:X为名词。一般表示说话人认为某事物或人“名不副实”。如:

还是名牌皮鞋呢!我穿了一个星期就坏了!

还大学生呢,连这个字也不认识!

20. 非X不可:X多为动词或形容词(可参见本单元第五课)。如:

作为一个父亲,这些事我非做不可。

你今天又迟到了,老板非生气不可。

这次旅行你非得参加不可吗?

这些口语句式中的助词一般都必须带上,不能省略。只有句式1、2、3中的语气助词“吧”可换用“呗”,句式18的“也好”可换“也罢”,其余的助词既不能少,也不能换用其他的助词。

这些句式有的在前面已有涉及,如句式14、句式18都可参见本单元第六课。

练一练

一、HSK 仿真题：把(　　)中的词语放在适当的位置上。

1. 一只皮包 A，买 B 就买 C 呗，又不算太贵 D，你就别再抱怨啦。（了）
2. 少 A 少点儿吧，反正 B 我也不饿，再说 C 晚上 D 也不宜吃得太多。（就）
3. 看你急 A，我说过要帮你 B，你需要帮忙时，我怎么会袖手 C 旁观 D 呢？（的）
4. 这有什么 A 好笑 B！谁没犯过 C 错误？你自己 D 不也犯过错误吗？（的）
5. 看把他 A 给急 B，你知道的话就赶快 C 说吧，别卖关子 D 了。（得）
6. 明天 A 的比赛将 B 遇到劲敌 C，能否获胜，D 看他的运气了。（就）
7. 他去 A 是去 B，但到得很晚 C，精彩节目基本上都错过 D 啦。（了）
8. A 亲哥哥呢 B，弟弟生病都 C 不去看看，真是 D 太不像话了！（还）

二、判断正误，并把错误的地方改正过来（正确：√；错误：×）。

1. 我觉得孩子，大人也罢，谁说得有道理就听谁的。（　　）
2. 反正你坐着也是坐着，还不如过来帮我择择菜呢。（　　）
3. 你吃你吧，我忙完了手头儿的事情再吃。（　　）
4. 我都这么大年纪了，什么新的旧的，只要可以穿就行了。（　　）
5. 他说找女朋友嘛，漂亮不漂亮的，脾气好、会过日子就好。（　　）
6. 不知怎么的，小王最近总是闷闷不乐的，懒得跟别人说话。（　　）
7. 大姐叫你说你就说呗，这里又没外人，有什么不可以说的呢？（　　）
8. 你们都是我们店的老主顾了，有什么意见或建议尽管提，没什么好顾虑的。（　　）

三、用(　　)中所提示的口语句式完成下列句子。

1. ________________？人家好心好意给你倒杯水，你却嫌冷嫌热的。（哪有 X 这么 Y）
2. ____________________！这么大的一只蛋糕，我一个人哪吃得完啊！（我的 X）
3. 这是家什么店啊，卖出的东西，____________________，以后可不能再来这儿买东西了。（X 不得 Y 不得）
4. 这项任务非常紧，____。（非得 X 不可）
5. ____________________，偏要去什么大西北做义工，真让人搞不明白。（放着 X 不 Y）
6. ________________________，不如陪我去英语角练练英语口语。（X 着也是 X 着）
7. ____________________________________，你现在哭也没用啊。（X 就 X 了吧）
8. 那里________________________________，我都去过好多次了。（有什么好 X 的）

参考答案

一、1. C　2. A　3. A　4. B　5. B　6. D　7. B　8. A

二、1. ×，改为：“我觉得孩子也罢，大人也罢，谁说得有道理就听谁的。”

2. √

3. ×，改为：“你吃你的吧，我忙完了手头儿的事情再吃。”

4. √

5. ×，改为：“他说找朋友嘛，什么漂亮不漂亮的，脾气好、会过日子就好。”

6. √

7. √

8. √

三、1. 哪有你这么说话的

2. 我的老天啊

3. 退不得换不得的

4. 下班之前非得交差不可

5. 放着好好的工作不做

6. 你闲着也是闲着

7. 一辆自行车,丢就丢了吧

8. 有什么好玩的

单元练习

一、HSK 仿真题：把(　　)中的助词放在适当的位置上。

1. 咱们是好朋友 A，当然 B 要有福同享 C、有难同当 D 啦。(嘛)
2. A 经过几个月 B 的整治，太湖的 C 污染状况有 D 改观。(所)
3. 遇到紧急情况时一定 A 要镇定，B 慌 C，以免越慌越乱 D。(不得)
4. 你怎么像没吃饭 A，有气无力的 B？要不要 C 去看看医生 D？(似的)
5. 在我们学校，百 A 分 B 八十的同学 C 准备参加 D 这次汉语水平考试。(之)
6. 刚才 A 老王 B 打电话过来，让你 C 把这封信 D 带过去。(给)
7. 周末 A 也没做什么事儿 B，不过在家听听歌 C、看看碟 D。(罢了)
8. 她才学了三个月 A 的汉语 B 就写出了这么好的作文 C，莫非有人帮她 D？(不成)
9. 她一笑起来 A 就露出了珍珠 B 的牙齿 C，难怪有人找她拍牙膏 D 广告呢。(般)
10. 医生让他 A 在家 B 休息一个星期 C，可他只歇了两天就非要来上班 D。(不可)
11. A 别 B 小看了这些纸，纸边儿刀子 C 的锋利(fēnglì)呢，小心伤了手 D。(一般)
12. 马上就 A 要到山顶 B 了，朋友们，再 C 加把劲 D！(哟)
13. 她要来 A 就让她来 B，反正 C 这个周末我有空儿陪她 D。(呗)
14. 这道菜 A 你不吃 B，我也觉得 C 有点儿不新鲜 D。(也罢)
15. 为了 A 安全 B，记得出门关窗、锁门 C，在家时也别给陌生人开门 D。(起见)

二、在合适的地方加上所给的助词，以构成固定的词组或口语句式。

(一)“的”

1. 我和大毛从小就一块儿长大，我们的关系那是没说，我有事找他，一个电话准来。
2. 去你，你可别净给我出馊(sōu)主意了，我不要听。
3. 年轻的时候有是时间，却没有好好读书，现在再想静下心来读书，可就难了。
4. 总来说，中国人还是很大方、友好的。
5. 真是！我就迟到了 5 分钟，他犯得着生这么大的气吗？

(二)“得”

1. 麻烦您大半天了，连杯水都不喝就要走，这叫我心里怎么过去呢！
2. 终于放假了，她现在归心似箭，恨不插上翅膀立刻飞回到妈妈的身边。
3. 虽然他凭着老丈人的关系坐上了经理的位子，可事实上没有谁看起他。
4. 最近我忙得很，家里乱得一团糟也顾不收拾一下。
5. 让她一个大学生在前台接电话，她真是觉得委屈慌。

(三)“了”

1. 又来！你在这儿叫苦有什么用？加紧干吧，明天一早还要交差呢。
2. 你如果不想跟她打招呼，就装作没看见她就是。
3. 算，求人不如求己，还是自己加倍努力吧。

4. 别提,昨天花了500元去听一个二流歌星的演唱会,现在觉得一点儿都不值。

5. 小王出国留学的事由于种种原因,最终还是吹。

三、HSK仿真题:在下面的ABCD中选择唯一恰当的答案。

1. 我之所以能取得这样的成绩,并不是说有什么过人的智慧,不过是笨鸟先飞______。

A. 不成　　B. 罢　　C. 了　　D. 罢了

2. 他______关心的是你到底去不去,至于你怎么去他并不关心。

A. 所　　B. 之　　C. 不　　D. 之所以

3. 要什么就给什么,就差给她摘月亮了,女儿简直被你______宠坏了。

A. 给　　B. 所　　C. 之　　D. 把

4. 你来这么一家高档的饭店消费却不带上足够的钱,______想白吃白喝不成?

A. 只是　　B. 只不过　　C. 难道　　D. 无非

5. 这次去动物园我不但看到了大熊猫,而且还同它握了手______!

A. 吗　　B. 呗　　C. 吧　　D. 哩

6. 让你早点去车站你偏不听,你这会儿去买票,______排长队不可。

A. 非得　　B. 要　　C. 的话　　D. 不得

7. 不要看到别人挣钱就眼红,还是先把专业知识学好______,等毕了业再去找工作吧。

A. 的　　B. 喽　　C. 着　　D. 呢

8. 节目表演得太精彩了,他一个劲儿地鼓掌,______手都给拍红了。

A. 把　　B. 叫　　C. 被　　D. 让

9. 这种花儿虽然很漂亮,但是长满了刺儿,碰______,否则,会扎手的。

A. 不得　　B. 不可　　C. 不过　　D. 得不

10. 这孩子,在人群里好像一条鱼______穿来穿去,我怎么也抓不住他。

A. 好似　　B. 般　　C. 似的　　D. 似乎

11. 生病了就吃药______,别硬撑着,那样会越拖越厉害的。

A. 呗　　B. 喽　　C. 哟　　D. 哩

12. 这部电影和那部______,都是关于亲情、友情、爱情的。

A. 一般　　B. 一样　　C. 般　　D. 似的

13. 苏州自古以来就是“鱼米______乡”,加上景色优美、气候怡(yí)人,难怪有“人间天堂”的美称。

A. 的　　B. 之　　C. 地　　D. 所

14. 当官儿的______,普通老百姓______,都得遵纪守法。

A. 罢了;也罢　　B. 罢了;而已　　C. 算了;得了　　D. 也罢;也罢

15. ______吧,她不过是个小护士而已,哪会给人看病呢?

A. 也好　　B. 也罢　　C. 得了　　D. 去了

四、判断正误,并把有错误的地方改正过来(正确:√;错误:×)。

1. 一般地说,他下了班就会回家的,可今天怎么这么晚还没回来?(　　)

2. 哪怕迟到一分钟也要扣50元,这是公司的制度,可不是闹玩儿的。(　　)

3. 刚送走了个李大妈,又来了个张大妈,净是瞎聊,我的时间就这样给浪费掉了。(　　)

4. 今天上课时李老师讲的内容你都懂了嘛?(　　)

5. 用得着人,笑脸相迎;用得不着人,冷面相对,这种人最没意思了。(　　)

6. 物业管理中心只知道收钱,不知道管理,哪里对得起这里的业主?(　　)
7. 看到眼前的小桥,他不见得想起了 20 年前他们俩第一次见面的情景。(　　)
8. 几只橘子而已,吃了就吃了呗,别再追问到底是谁吃的了。(　　)
9. 住宿环境差就差点儿吧,只要能上网行了。(　　)
10. 妈妈叫你坐你坐哩,都是自家人,客气什么呀!(　　)
11. 你的企划方案我看是看过了,但还没来得及仔细考虑,下次咱再讨论讨论吧。(　　)
12. 看你累得,嘴上都起好了泡。(　　)
13. 哪有你这么做事儿的?有始无终、虎头蛇尾的,以后别人还怎么跟你合作啊?(　　)
14. 您忙您吧,我改天再来拜访您,再见!(　　)
15. 什么高分、低分的,哪能仅凭考试分数的高低来评判学生的优劣呢!(　　)

五、根据要求造句或完成句子。

(一) 用(　　)中的词语完成句子。

1. 他是一位深受人们喜爱的歌星,______________。(所到之处)
2. 他______________,你也别太紧张了。(不过……罢了)
3. ______________,谁不会?我 5 岁就敢下海游泳了。(嘛)
4. 牛奶瓶______________,牛奶泼了一地。(叫……给……)
5. 他______________,无忧无虑地唱啊、跳啊。(像……似的)
6. 这把椅子刚刷过油漆,______________。(不得)
7. 既然你也很想去桂林,______________。(得了)
8. ______________,我还是再当面邀请她一次吧。(起见)
9. 这钱______________,省得我再为它分心了。(也罢)
10. 她那______________,给幽静的山林带来了生机与活力。(银铃般)

(二) 用(　　)中的词语,完成下列对话。

1. A:看我这套衣服漂亮吗?
   B:你怎么又去买新衣服啦!______________。(非得……不可)
2. A:王总经理是个成功的企业家,可他儿子却是个败家子,只会花钱。
   B:______________。(不见得)
3. A:天哪!累死我了!
   B:______________,人家六十来岁的老人都还没叫累呢。(得了吧)
4. A:他的三分球投得实在是漂亮!
   B:可不是嘛,______________。(不得不;承认)
5. A:怎么的士还没来?
   B:就那么点路,你______________?(犯得上)

(三) 用所给的词语造句。

1. 不由得——→
2. 对得起——→
3. 闹着玩儿——→
4. X 不得 Y 不得——→
5. X 着也是 X 着——→

六、HSK 仿真题：找出下面句子中有错误的一部分，并改正过来。

1. 张老师，你是北方人，刚到此地不久，一定还不大适应这种又热又湿的气候呗？
A B C D

2. 你知道吗？北京大学是中国的重点高校之一所，中国有很多高中生 都梦想着能去那里读书呢。
A B C D

3. 按照中国的民俗，大年初一，家里是扫地不得的，说是要聚敛财气来着。
A B C D

4. 昨天我们在路上碰到个人，小王老朋友样地跟人家打招呼握手，后来却又问我那人是谁，真是笑死我了。
A B C D

5. 学校对面有一家小饭馆儿，有三四个服务员罢了，生意却一直很好，从没有见他们闲着。
A B C D

6. 我不喜欢她的新发型，不让我说难看也好，硬让我说漂亮，那是不可能的！
A B C D

7. 你这次买的衣服，跟我上次买的那件似的，都是真丝的，还都是苏州产的呢。
A B C D

8. 考试的时候，书呗、笔记本呗，都要放到书包里，不能拿出来看的。
A B C D

9. 现在抱怨这抱怨那的，早干什么啦？定金都交了，莫不成让我退货？
A B C D

10. 你干嘛指挥这，又指挥那的，你又不是领导，凭什么让大家都不得听从你的不可？
A B C D

11. 你出去的时候，顺便叫门口的垃圾袋 给带下去扔了吧，省得我再换衣服出门了。
A B C D

12. 昨天，客户送给她一块玉，希望她能在价格上有所让步，但她并没有为所动。
A B C D

13. 王部长没来，他今天太忙，没时间全程陪同我们参观，不过他可能中途会过来看一下喽。
A B C D

14. 每到年末，办公室的同事们都会找家饭店 一起吃顿饭，无非是图个热闹不成。
A　　B　　C　　D

15. 他自己不会烧菜，对吃的要求也不高，美味至于他，向来是可有可无的。
A　　B　　C　　D

七、请将"的"字填在下文中必要的地方。

整个地球就像一个村庄似，住在这个村庄里所有人，不管民族、肤色、性别、信仰、财富什么有何不同，他们在人权上都应是平等。我觉得如能手足般善待他人、朋友似帮助他人，就会同样获得他人尊重与关爱。反之，如总想着去剥削、压迫甚至奴役他人，以此来满足自己某种欲望，那一定不会有好结果。

八、HSK 仿真题：综合填空。

(1—4)

人家李明的足球也不知＿(1)＿，那速度、那技术真是＿(2)＿！听说他从小爱玩儿球，＿(3)＿足球、篮球、排球、乒乓球，他都喜欢。不过，他足球踢得最好，所以成了我们队的主力队员，明天的比赛能否踢赢，＿(4)＿了。

1. A. 这么踢	B. 那么踢	C. 怎么踢	D. 怎么踢的
2. A. 没说的	B. 没说	C. 怎	D. 怎么着
3. A. 什么的	B. 什么	C. 了	D. 呢
4. A. 再看他	B. 又看他	C. 就看他的	D. 就他

(5—9)

你＿(5)＿不知，现在的证券投资可火了。你的存款放着＿(6)＿放着，怎么不拿去投资呢？炒股＿(7)＿、炒基金＿(8)＿，现在的行情都看好，难道你甘愿放＿(9)＿挣钱的机会不用，就让钱躺在银行里睡大觉吗？

5. A. 所有	B. 有所	C. 所	D. 有
6. A. 也是	B. 还是	C. 吧	D. 了
7. A. 也	B. 罢了	C. 也罢	D. 过
8. A. 也罢	B. 的	C. 吧	D. 了
9. A. 的	B. 呢	C. 了	D. 着

(10—15)

A：对不起，那本书我一直没找到，估计是丢了。

B：什么？丢了？你怎么能把人家的书给丢了呢？＿(10)＿！

A：不就是一本书嘛，丢＿(11)＿丢了呗，你＿(12)＿跟我发那么大的火吗？

B：你不知道，那本书可是我从市图书馆借的啊！

A：＿(13)＿，大不了赔你一本＿(14)＿。还朋友呢，这么计较！

B：＿(15)＿你这么说话的？把别人的书弄丢了还有理似的！

10. A. 有的是	B. 没说的	C. 还是的	D. 真是的
11. A. 的话	B. 就	C. 了	D. 的
12. A. 合得来	B. 合不来	C. 犯得着	D. 犯不着
13. A. 来着	B. 得了	C. 也罢	D. 算

14. A. 了　　B. 才是了　　C. 的　　D. 就是了

15. A. 哪能　　B. 哪　　C. 怎么　　D. 哪有

参考答案

一、1. A　2. D　3. C　4. A　5. B　6. D　7. D　8. D　9. B　10. D　11. C　12. D　13. B　14. B　15. B

二、(一)“的”

1. 没说的　　2. 去你的　　3. 有的是

4. 总的来说　　5. 真是的

(二)“得”

1. 过得去　　2. 恨不得　　3. 看得起

4. 顾不得　　5. 委屈得慌

(三)“了”

1. 又来了　　2. 就是了　　3. 算了

4. 别提了　　5. 吹了

三、1. D　2. A　3. A　4. C　5. D　6. A　7. B　8. A　9. A　10. C　11. A　12. B　13. B　14. D　15. C

四、1. √

2. ×,“可不是闹玩儿的”改为“可不是闹着玩儿的”

3. √

4. ×,“嘛”改为“吗”

5. ×,“用得不着人”改为“用不着人”

6. √

7. ×,“不见得”改为“不由得”

8. √

9. ×,“行了”改为“就行了”

10. ×,“妈妈叫你坐你坐哩”改为“妈妈叫你坐你就坐呗”

11. √

12. ×,“嘴上都起好了泡”改为“嘴上都起满了泡”

13. √

14. ×,“您忙您吧”改为“您忙您的吧”

15. √

五、(一)

1. 所到之处,歌迷们都会请他签名留念

2. 不过问问罢了,没别的意思

3. 游泳嘛

4. 叫人给打翻了

5. 高兴得像个孩子似的

6. 坐不得

7. 咱们俩一块儿去得了

8. 为了礼貌起见

9. 花掉了也罢

10. 银铃般的歌声

（二）

1. 非得把你那点钱花光了不可

2. 成功的企业家也不见得能教育好自己的孩子

3. 得了吧

4. 你不得不承认他的确是一个“三分王”

5. 犯得上打的吗

（三）

1. 那张照片让我不由得想起了过去的岁月

2. 一个人做事情得对得起自己的良心

3. 我跟你闹着玩儿的，你别当真

4. 你听这孩子说的话，真是让人哭不得、笑不得

5. 你坐着也是坐着，不如过来伸手帮个忙吧

六、1. D，“呗”改为“吧”

2. B，去掉“所”

3. C，“扫地不得”改为“扫不得地”；或者“是扫地不得的”改为“地是扫不得的”

4. B，改为“小王像老朋友一样地跟人家打招呼握手”

5. B，改为“只有三四个服务员而已”

6. B，改为“不让我说难看也罢”

7. B，改为“跟我上次买的那件一样”

8. B，“呗”改为“啦/也好/也罢”

9. D，改为“莫非让我退货不成”

10. D，“不得”改为“非得”

11. B，“叫”改为“把”

12. D，“为所动”改为“为之所动”

13. D，“喽”改为“的”

14. D，“不成”改为“而已”或“罢了”

15. C，“至于”改为“之于”

七、整个地球就像一个村庄似的，住在这个村庄里的所有人，不管民族、肤色、性别、信仰、财富什么的有何不同，他们在人权上都应是平等的。我觉得如能手足般的善待他人、朋友似的帮助他人，就会同样获得他人的尊重与关爱。反之，如总想着去剥削、压迫甚至奴役他人，以此来满足自己的某种欲望，那一定不会有好结果的。

八、1. D　2. A　3. B　4. C　5. B　6. A　7. C　8. A　9. D　10. D　11. B　12. C　13. B　14. D　15. D